引導孩子說出內心話

澤爸（魏瑋志）/著

不說教的情商課，讓親子都被好好理解

〈自序〉

謝謝我的孩子，讓我重新認識了自己

某次中午的家庭聚會，有家人突然聊到，我在澤澤兩歲左右時，只要一犯錯，會對他講道理，而且是講很久的那種。聽的當下，有些忘了，沒啥印象，後來仔細回想，當年的我，眞是如此。

剛開始當爸爸的我，跟每位新手爸媽一樣，依著自身經驗在不斷摸索。一開始認爲，只要是不打不罵，就是正確的教養，於是，我很愛說道理，自認是在灌輸觀念。不管是把澤澤放在椅子上或抱進房間，總要講到我覺得他聽懂了爲止。

直到有次觀察到澤澤的不耐煩，才驚覺我認爲對他好的教養灌輸，其實只是嘮叨與碎唸罷了，澤澤的內心是很想逃走的。後來，我盡量調整與減少說教內容，簡單扼要地講重點，明白了「溝通的本質，不是講的人講了多久，而是聽的人願意聽進多少」。

但是，我卻忽略了**姿態**。

高高在上的眼神，充滿威嚴的語氣，不時面露凶狠；總覺得要有權威，偶爾要讓孩子怕我才能鎮得住。直到有次發現澤澤會在我叫他時立正站好，滿臉恐懼，才驚覺他回答的「好，知道。」不是眞的聽進去了，而是因爲害怕的反射回應。原來，我又被幼時的傳統教養思維給束縛住了。

讀了許多書籍與課程，再一次的省悟與反思，我調整了姿態、語氣與眼神，以平視、溫和的眼神與平穩的語氣看待孩子。雖然，教養的立場依然是堅定的，但孩子面對我時，不再有恐懼與害怕。

然而，當時我並沒有注意到，「**每個孩子都是獨特的**」。

本書裡，會有描述我與女兒曾經發生的衝突，而女兒所展現的澎湃情緒，是我未曾在兒子身上見過的。初期，我把對兒子的教養方式套用在女兒身上，發現效果不彰，甚至有數次被女兒激到瞬間暴怒過，弄得我非常挫敗。於是，開啓了我進一步去深入了解「情緒」的契機。

靠著學習薩提爾，學會如何關照自己，接納自己的情緒。面對女兒的情緒，我找到穩定自己情緒的方法，而且越來越得心應手，穩定到被她的反應掀起波瀾而產生怒意的次數已趨近於零。同時間，我翻閱了非常多的書籍，試圖了解情緒與大腦、心理等相關知識，並且運用在應對女兒的情緒上，來幫助她發展控管情緒的能力，隨著一次又一次的練習，著實有非常顯著的成長。

而且，在薩提爾的對話模式中，以關心、好奇與提問，循線沿著他們的思維脈絡，不斷地探索，挖掘到他們內心的想法與感受，理解行爲背後的原因與目的，再連到價值提升自我意願。這幾年的蛻變，我對他們已經完全沒有指責、批評、凶狠與長篇大論，更多的是**對話、分享與內心交流，感覺到的是，一家人彼此心與心的靠近，真的好喜歡與孩子目前的相處狀態**。

對話的成長

書中有大量的對話，是源於薩提爾的基礎。我當時學了薩提爾之後，先與老婆練習，再跟孩子練習，對話的技巧與運用越來越上手後，再找機會於講座或工作坊上，與現場的學員們來場角色互換的模擬練習。藉著不斷地磨練與調整，與觀衆的「對話互動」已經成爲講座內容的重要部分，因爲，實際的演練能讓家長們眞實地感受到，**好的對話眞的能促進好的關係。**

這些對話的運用，皆是我在後續練習中的啓發與領悟，自認還有許多地方需要學習，所以，不敢端著「薩提爾」三個字來當招牌，也因爲如此，書中不太會提及。不過，相信看過「薩提爾」的人一定會有種熟悉的感覺。

我眞心感動能遇見薩提爾，在自我內心的成長上、夫妻之間的溝通上，以及與孩子的對話深度上，都有著極大的幫助與益處。

對話要爲了孩子而調整

有位媽媽在某次講座上詢問，我在家中與孩子進行深度對話的比例，我回答說：「如果是那種促膝長談的深度內心對話，大概十％吧。」她很驚訝怎麼這麼少。

我一開始接觸到對話與提問後，孩子的每一個反應、說的每一句話，我都在提問，彷彿每一個問句都要問到內心深處般，結果引發他們的反彈，認爲好煩喔，爲什麼所有事情都要問。剛開始，我很沮喪。因爲，我認爲這是很棒的事情，想要放在我與他們的互動中。不過，我願意接納沮喪的自己，更加樂意接受不願意再被問的孩子。於是，我從沮喪中一路調整，直到有次，兒子對我說：「爸爸，我現在有時分不出來，你是否有在用薩提爾的方式來問我話了。」當下我才明白到，什麼叫作融會貫通。

現在很大的比例上，能夠很自然地在聊天之中形成對話，在關心之餘也能自在地運用對話，即便是需要教養，也能夠做到點到即止的對話。如果需要挖掘的，也會先跟他們說：「這件事情，我們等一下找時間談一談。」讓他們有個心理準備，知道我們要深談了。

每個做父母的個性皆不相同，孩子的性格也全然不同，對話只是一種了解彼此的方式，所以，看完此書後，請試著調整成，自己能自在說出來的話語。重點是，**讓孩子擁有被愛的感受**，如此已足夠。

過去的自己，成就了現在的我

在寫這本書的時候，育兒的經歷與成長，一件又一件的回憶著，是一件很有趣與喜悅的事情。想到曾經的一些事，會感到懊惱、後悔與生自己的氣，但是，我更願意接納自己當時的一切，因爲有這些經歷，才一步步的成就了現在的我。

在育兒的路上，我自許當個今天比昨天好一點點的爸爸，有進步了，我會好好的欣賞著自己，也希望你能欣賞著願意翻閱此書的自己，並且能從此書中獲得很大的收穫，在親子的溝通與對話上，越來越順暢。

願天下家庭的親子關係都能夠更好。

目錄

PART 1

自我的對話

Chapter 1

面對自我

我們認識自己的情緒嗎？我們允許自己生氣嗎？允許自己自責嗎？允許自己後悔嗎？從小養成的情緒習慣，倘若都是被指責的、被否定的、被忽略的，我們很有可能會用相同的方式來回應自己與應對孩子。

1. 衝突當下的情緒覺察

沒有人天生會當爸媽，我們都是有了孩子才開始學習怎麼做爸媽的。買了產品還有說明書來教我們如何用，生下孩子卻沒有任何使用手冊來告訴我們要怎麼教。同時，我們又深受著原生家庭的影響，面對孩子的事情，內心湧出莫名的焦慮。

孩子寫功課的字歪七扭八，唸他「字很醜、你很不專心、有夠糟糕。」

孩子在外頭哭鬧，大吼「吵死了、只會哭、再哭我就打下去囉。」

孩子對我們不耐煩，一巴掌打下去「你這是什麼態度！」

有了情緒，打了他、吼了他，可能會感到後悔與自責，於是對孩子講道理：「我這是爲了你好。」指責他：「要不是你惹我生氣，我會打你嗎？」或者，生完氣之後，假裝沒事發生呢?!如果我們只是責怪他人或選擇暫時遺忘，沒有鼓起勇氣來面對這些錯誤與情緒，同樣的狀況只會不斷地重蹈覆轍、一再重演。

我發現，這一切由情緒所引發的衝動行爲，只是在發洩內心的不滿罷了，並沒有眞正的在教導孩子，反而可能讓孩子的內心承受了莫大的傷害，造成他心中的冰山與陰影，影響著他的未來。

我們會生氣，吼他、罵他、唸他，是因爲擔心、煩惱或希望能教好孩子。有這些感受與想法，當然是因爲愛他，然而，我們對他所展現的姿態與行爲，是不是眞的有讓他感受到被愛呢？

如果希望在教養孩子的當下，能讓他依然感受到被愛，我們就要先穩定自己的情緒。然而，我們認識自己的情緒嗎？我們允許自己生氣嗎？允許自己自責嗎？允許自己後悔嗎？從小養成的情緒習慣，倘若都是被指責的、被否定的、被忽略的，我們很有可能會用相同的方式來回應自己與應對孩子。

如果我們希望在衝突之下，能讓孩子有被愛的感受，就要先學會用關愛的方式來應對自我的情緒。因爲，**要接納有情緒的孩子，要先接納有情緒的自己。**

懊悔不已的自己

記得是花寶六歲的時候——

她趴在地上看著書，我提醒她要坐好看，避免視力受到影響。我第一次叫她，花寶繼續看著書，沒有理會。想說她沒聽見，走近身旁，再說一次。這次，花寶抬起頭了，看著我兩秒，又低下頭繼續看書。因爲明明有聽到了卻沒有回應，我有點不高興了，輕輕地拍拍她的肩膀，「花寶，爸爸已經跟妳說第三遍了。如果妳要看書，請到亮一點的地方坐好看。」她翻閱著書頁，也是一樣頭也不抬，帶著不耐煩的尾音說道：「吼～我不要啦。」我對於她的語氣與神態，眞的有點怒了，壓住她的書，帶著嚴厲的口吻說：「如果妳再說一次不要，那就不要看。」根本不願意示弱的花寶，很生氣地直接把書抽走，用力往旁邊一甩：「不看就不看。」我完全被這個動作給激怒了，上前拉住她，把她整個人扛了起來，手肘環扣住她的腰間，像是夾帶貨物般地帶進房間去。她拚了命的要掙脫，我越夾越用力，她哭喊著幾聲：「好痛、好痛。」我稍稍的鬆開，也正好進到房間裡了，把她放到床上。只見花寶手撫著肚子，流著淚，蜷曲著身體說：「爸爸好凶、爸爸好凶喔。」我坐在床尾，心裡非常的沉痛，萬分懊悔，覺得自己好糟糕。

孩子的情緒差異

澤澤從小有了情緒，陪他哭或生氣，最多大概十分鐘，他的情緒會慢慢舒緩，能夠好好的對談。花寶兩歲之後，個人特質逐漸明顯，我才深切的體會到什麼叫作孩子之間的差異。三到六歲的花寶有了情緒，哭鬧三十至五十分鐘停不下來，還有數次超過一個多小時。而且在過程中，爆炸的程度高低起伏不定，時而低沉啜泣、時而大聲吼叫、回話為反而反，偶爾還會加上拉扯、碰撞、丟東西，以及言語上的激怒，我與老婆真的要有十足的耐性才能應對。

隨著我們找到方法，不斷地鍛鍊她情緒控管的能力（了解孩子情緒控管的能力，請參考146頁〈親子不溝通的緣由〉），花寶現在（九歲）進步神速，時間長度與頻率都大幅下降之外，她自己還會用別的方式，像是看書、做手作、畫畫等，來抒發情緒試著讓心情穩定，她眞的好棒，也很努力。

處理當下的情緒

當下覺得自己很糟糕的我，想起了在不久前參加了《薩提爾的對話練習》作者李崇建老師的工作坊，學習到了覺察與安頓情緒的方法。我先請老婆來安撫花寶，自個兒坐在客廳的沙發上，先用深呼吸來緩和情緒，待她稍稍冷靜了之後，先試著覺察情緒，再安穩浮動的內在。

「我怎麼了？剛剛的情緒是什麼？」

「我覺察到我在生氣。」

覺察到「生氣」的情緒之後，再緩緩的大大深吸一口氣，接著，輕輕的、一絲絲的從口慢慢的吐出來。然後對自己說：

「我眞的好生氣。」

「我是可以生氣的。」

「我允許自己生氣。」

一次、二次、三次，重複同樣的動作，直到心中原本有如火山爆發的感受，漸漸轉化成風平浪靜的平穩。

這幾個步驟，正是蒙特梭利羅寶鴻老師的著作《羅寶鴻的安定教養學》中，提到的處理自己當下情緒的「三A情緒急救」：

我覺察（Aware）自己在生氣；

我承認（Admit）自己在生氣；

我允許（Allow）自己在生氣；

我願意陪伴自己的生氣。

「在這樣對自己說之後，我感覺到心裡的怒氣漸漸被關愛、被照顧了，彷彿找到一個出口，自然而然、慢慢的從我心裡釋放出去。」這是羅寶鴻老師在書中的體驗描述，而我也有著相同的感受。

李崇建老師與學思達團隊合著的《薩提爾的縱深對話》，從三A之後再延伸出另外三個A。

接受情緒（Accept）；
轉化情緒（Action）；
欣賞自己（Appreciate）。

這部分，在後段也有實際的運用。

與自己的內在連結

心情平靜之後，我走回房間裡，再次面對花寶。謝謝老婆已經安撫好她的情緒，我走了過去抱著她，跟她道歉（道歉的細節，會在032頁〈衝突後的親子和解〉中說明），並獲得她的諒解。有了這次的懊悔經驗，讓我深知在衝突的當下，自身情緒穩定的重要性。

我們的力量比孩子大，是用來保護他們的；
我們的塊頭比孩子壯，是提供安全感給他們的；
我們握有的權比孩子多，是教養他們成為更好的人；
而不是拿來威脅或恐嚇孩子，讓他們感到恐懼與害怕的。

我們允許自己生氣嗎？允許自己自責嗎？允許自己後悔嗎？是的，我是允許的。我允許自己生氣、自責與後悔，發生了，更願意把當下的情緒放置在眼前，看著它、面對它、感受它、接受它，靜靜的靠近情緒，直到它對我們的影響逐漸變小。如此，才是眞正的接納。

衝突的當下，心中湧出的情緒被自己接納了，心情便能平穩。平穩了，才能用更好的方式來應對與處理，而非用力量、塊頭與權威來宣洩情緒，讓孩子感到害怕。

我們小的時候，比較沒有機會來學習如何處理情緒。**有了孩子，當作另一種重新**

認識自己的機會，一個讓自己能夠變得更好的契機。因爲，孩子是我們最愛的人，值得我們用更好的方式來對待他。

我怎麼了？我現在的情緒是什麼？

有情緒的時候，該如何自我覺察呢？

首先，我們要先懂得觀察自己。

「相由心生」，我們心中湧出了情緒，外在的表情與行爲上，肯定會有相對應的細微變化。像是，生氣了，可能會拳頭緊握、目露凶光、語氣加重、肩頭僵硬，從呼喊孩子的小名變成大吼他的全名。焦慮了，可能會眉頭深鎖、呼吸急促、不斷搓手……等。

當我們觀察到自己的表情或行爲上，出現了變化，請先試著暫停。

—深呼吸：大大地深吸，緩緩地從口吐出，數次。

—關心自己：「我剛剛大吼了孩子（觀察到的行為），我還好嗎？我怎麼了？」

—詢問感受：「我現在的情緒是什麼？是生氣嗎？是煩躁嗎？」試著聚焦在內心。

—連結內在：「我感到很生氣；我可以生氣；我允許自己生氣。」

確保自己的情緒是穩定的，再來應對孩子吧。

我常對講座的學員們說，我們不要怕與孩子起衝突（有些家長會逃避或討好家中青少年的情緒）。親子之間的衝突，有時候是雙方成長或關係更加緊密的機會。只是，如果沒有處理好雙方的情緒，衝突越演越烈，只會不斷地撕裂彼此的關係。

從日常生活中練習覺察

相信你們看到這邊，可能有產生疑惑。都已經在生氣了、在暴怒了，根本覺察不了，也暫停不了啊！怎麼辦呢？是的，如果衝突是個戰場，「自我覺察」是要先經由平時的訓練與鍛鍊，累積一定的經驗值後，上到戰場的那一刻，才有能力即刻做出反應。我們該怎麼練習呢？答案是，從日常生活中的任何一點小事，來試著練習覺察力，培養感知能力。

從事件中練習：

在公司要跟老闆做簡報，發現自己勤跑廁所。

累了一整天，匆忙地跑上公車，卻發現沒有座位，突然輕聲嘆氣。

滑手機時，看到文章中的一段文字，莫名的哽咽了起來。

開車時，遇到危險駕駛，我們放聲咒罵、髒話連篇。

快要遲到了，卻遇到塞車，狂看手錶、急踩油門與煞車。

從互動中練習：

孩子在人來人往的大馬路上哭鬧，我們用高亢的音調說出恐嚇話語。

爸媽打電話來叮嚀，我們倉促應付：「好啦！好啦！知道了啦。」急著掛斷。

天氣微涼，孩子不想穿上我們給他的衣服，眉頭突然皺了起來。

哥哥買了新房子，我們本應爲他開心，卻一直悶悶的不想講話。

發現伴侶生氣了，我們對他總是小心翼翼，不斷地討好與滿足對方。

如果有經歷以上的狀況，先試著觀察自己的行爲訊號，發現到有這些外顯行爲，短暫的暫停來關注自身，詢問自己是什麼樣的情緒讓我有如此的行爲。找到答案後，再來練習與內在連結。其實，過程只需要幾十秒的時間而已，卻可以經由一次又一次的練習，讓我們的感知能力越來越敏銳，甚至變成了一個日常的慣性。

有了覺察的能力，衝突要發生的當下，才有機會在盛怒時，爲自己與孩子按下暫停鍵，減少衝突與傷害的言行發生。然後，能與孩子進行著良好且有品質的對話。

2. 衝突當下要如何應對？

我與 YOTTA 合作開立了一系列的線上課程〈拆解孩子的情緒密碼，落實有效溝通與教養〉（詳細內容請掃描下方 QRCode），在設計課程的前期，我們做了詳細的問卷來詢問爸媽在教養孩子時，最困擾的問題有什麼，原本以爲會把焦點放在孩子身上，沒有想到「爸媽該如何穩定自己的情緒」這個選項也是名列前三，顯示家長對自身情緒的重視。

有位媽媽趁著演講後的空檔來問我，該如何處理手足的爭吵？我問她詳細的狀況，她說只要孩子們一吵架，自己會立刻躲到房間裡。「妳當時的感受是什麼？」我問。「焦慮。」她說。深談之下，不僅是孩子的手足爭吵，只要是衝突在她面前發生，心中總會出現莫名的焦躁，一心只想躲避衝突，甚至感到害怕。我問她年幼的家庭狀況，她眼眶泛淚地回想起印象最深刻的事情，是爸媽在吵架要離婚時，她躲在桌下，兩手捂著耳朵，全身蜷曲發抖的景象。

我們現在面對孩子所產生的的情緒，可能都與小時候的自己有關係。

問問自己，

允許孩子生氣嗎？

允許孩子在眾人面前哭鬧嗎？

允許孩子對我們不耐煩嗎？

允許孩子拖拖拉拉延誤時間嗎？

如果是不允許的話，有可能是小時候的自己也是不被允許的。允許的意思，不是放任、隨便他，而是，我可以不接受他的行爲，但是，我願意接納他的情緒，也能夠理解他的行爲。他是可以在我面前擁有這樣的情緒，而我面對他的情緒時，不會用負面的情緒應對，也不會做出過激的反應。

假設，孩子生氣甩門，若是允許他的情緒，則會內心平穩地說：「兒子，剛剛的事情讓你很生氣，爸爸明白，你可以生氣，但是請你用別的方式來表達生氣，而不是甩門，我擔心太大力你會受傷。我們等一下再來談吧。」

如果是不允許他的情緒，則會一聽到甩門聲，立刻勃然大怒，衝到門前，大力敲著門，怒吼著：「你這是什麼態度，講你幾句就甩門，你老大啊！出來，現在給我出來喔。」

能夠接納孩子的情緒，就必須先接納自己的情緒。接納了，與內在做出連結，才能在衝突的當下，做出良好的應對。

有情緒的應對方式

如果情緒是一座火山，覺察的能力是能夠及時發現到，火山的岩漿快到洞口，要能夠讓它暫時不爆炸。但是，心中快要溢出來的情緒，可不是說退就能退去的，該怎麼辦呢？我們需以孩子的年齡層，以及一旁是否有其他人來做不同的應對處理。

有人能一同處理

「呼叫隊友」來換手，是我建議的最佳辦法。但是，如果隊友來了，反而讓狀況更加火爆，可以先緩緩不要呼叫比較妥當。隊友是親子衝突之下，相對情緒比較穩定的一方，他的功能是緩和與安撫另一半與孩子的情緒的，是讓整個情況與氛圍的火氣下降的，而不是用更大的威權來壓制。

隊友不在，周遭有其他可信任的大人，也是可以交付的對象。暫時把孩子交給其他人來看顧，總比我們直接爆炸來得好。

當有人能接手處理孩子的狀況，先暫時遠離，找到自己能夠舒緩情緒的方式，閱讀、散步、喝水冷靜、書寫……等，待情緒穩定了之後，再去重新面對孩子。

如果另一半不是神隊友，像座石雕一般地動也不動，或總是人在心不在，我們應該要回到夫妻溝通的層面，來與伴侶好好對話。

孩子能在單一空間獨處

以下皆爲當場只有自己能應對孩子，沒有其他人可以一同來處理。

十歲以上的孩子，多半都能在單一空間獨處了。所以，衝突發生時，最好的應對方式是「離開現場」。讓我與他分處於不同的空間，各自冷靜，等到雙方的情緒都降下來後，再來冷靜地談一談。

而離開現場的時候，不用撂狠話「等一下再跟你算帳。」不用講喪氣話「隨便你啦！」更不用「我現在不想跟你講話」的甩頭就走。

只要完整地講出：**「說出孩子的感受」「表達自己的感受」「情緒穩定了要怎麼做」「離開現場」**。像是：「媽媽看得出來你很生氣，只是你的說話方式，讓我也很生氣。既然我們都在生氣，就先不說了，你在客廳冷靜，我去廚房，等我們都比較沒生氣了再來說。」然後，我們再用適合的方法來緩和自身的情緒。

我們要記得回來再跟孩子討論剛剛發生的事情，千萬不要離開現場之後，冷靜了，就想說算了，當作沒事發生。如果是這樣的話，孩子有可能把情緒當成手段，來讓爸媽不再唸的方式喔。

孩子害怕獨處，但不用黏在我們身上

若孩子年幼，獨處會害怕的話，無法用離開現場的方式來穩定情緒。而我們也因爲有情緒，不願意安撫他，此時，能做的就是**雙方在同一個空間裡面各自冷靜**。

可以問孩子想要在哪個位置、做什麼事情，能夠讓自己的情緒感覺好一點？再告訴孩子，我在哪裡、會做什麼事情？對他說：「放心，我都會在這。等你願意談了或情緒好了再來跟我說，我等你。」

讓孩子體會到，除了哭、鬧、生氣、發脾氣外，還有別的方式能夠抒發情緒，這就需要平時的引導與練習了。我曾經陪著澤澤與花寶，在他們發完脾氣之後，問他們：「你覺得下次有類似的狀況發生了，可以做些什麼事情，能使你的生氣稍稍的舒緩一點呢？一點點也好。」接著，帶著他們列清單，然後，逐一的驗證。孩子能夠感受到他內在的變化，並在之後情緒爆發時，擁有覺知去做出不同的行爲。打籃球、看漫畫、彈鋼琴是澤澤找到的方式，畫畫、做手作與閱讀則是花寶的。

舒緩自己情緒的管道是獨特的，每個人都不一樣，多半都是跟運動或興趣相關，並且要減少用3C的方式來安撫孩子情緒喔，不然，最後會變成要用更大的情緒來要脅玩3C。他找到了屬於自己的方法，能夠延續到長大來面對壓力，擁有更好的抗壓性。

孩子害怕獨處並會黏著我們

這應該是更為年幼的孩子比較有的情況，特別是三歲以下。既沒有人能來換手，又不能把孩子放到獨處空間。只要他看得到我們，就會一直要抱抱。而我們還在氣頭上，除了跟他說「我陪你哭完」（這句安撫話語非常有效，可參考我的著作《讓孩子在情緒裡學會愛》）之外，還能怎麼冷靜呢？

「**抱著他，試著轉移自己的注意力**」是個可以一試的辦法。他在哭鬧時，如果，滿腦子充滿尖叫、啜泣與大吼聲，原本已經忍住的情緒，很有可能會因為受不了而爆發。所以，不管他說什麼，我們單純回應他即可，「好，我知道了。」「是，爸爸了解。」「對，爸爸明白」此時，我們可以觀察周遭，是否有能讓自己專注思索的物件，「杯子怎麼會在那邊？」「我剛剛有吃保健品了嗎？」「當初窗簾怎麼會選咖啡色呢？」

如果找不到，也可以想想以下三件事情，來轉移自己的注意力：第一，想歌詞（切勿哼出來）；第二，想連續劇的劇情；第三，想等一下的待辦事項。

當我們的思緒從孩子的哭泣聲中抽離，轉往其他事物時，原本因為孩子所產生的情緒，也能因此而稍微得到紓解，也就降低爆發的機會了。

3. 衝突後的親子和解

有次在中午演講結束後打電話回家，結果得知了澤澤前一天說好要做到的事情都沒去做。我聽了不是很高興，電話中對兒子的語氣有些嚴厲。在回去的路上，冷靜之後，我覺察到內心的感受有點懊惱，覺得似乎也沒必要那樣說兒子。

回到家，找到機會就跟兒子說：「兒子，剛剛爸爸在電話中對你講話有點凶，爸爸後來想想，其實不應該這樣。因爲爸爸希望你能自動自發，答應的事情能夠做到，所以，聽見你沒做到時，內心有些生氣，才會在語氣上嚴厲了些。不好意思喔，生氣是我的事情，不應該讓你來承擔，爸爸以後會注意的。」我拍了拍他的背。

「喔，沒事啦，你講的是有道理的。」兒子大方地說。

「有道理是一回事，語氣上又是另一回事？中午有被我嚇到嗎？」我關心地問。

「沒有啊。」他搖搖頭。

「你有生爸爸的氣嗎？」

「不會啊。」

「嗯，不會就好。謝謝兒子。」我輕輕的摟了他的肩膀。

道歉的姿態

對話，不是一廂情願說自己想說的，甚至把我的情緒一股腦地全倒給對方。孩子是我們最愛的人，應該要用更好的方式來應對，而不是當成情緒的垃圾桶。如果有做不好的地方，請放下面子直接道歉，這才是以身作則的最佳示範。**願意道歉與示好，代表我相當重視與你的關係，而不是誰對誰錯**。畢竟，我們也需要跟著孩子一同學習如何當好爸媽的角色，

道歉不一定要說出「對不起」三個字，當然說也無妨，重點是要展現出誠意與關心。對談上，不爭論事情的對錯與輸贏，而是在乎雙方的感受。謹記「四不一要」的準則，也就是，**不討好**、**不爭論**、**不指責**、**不辯解**，最後，**要真誠**。

最容易令人搞不清楚的是**辯解式道歉**：「爸爸剛剛的語氣有點太凶了，但是，你也要想想爲什麼，要不是你答應的事情沒做到，爸爸會生氣嗎？」這是一種放不下身段的道歉方式，依然高高在上，雖然我有不對，但也是你做錯在先。彷彿繞了一個彎，再來指責孩子，聽的人會很不舒服，也很不眞誠。

相反的，**討好式道歉**則呈現出地位低於孩子的姿態，「好啦，對不起，你就原諒爸爸囉，爸爸帶你去吃冰淇淋、買玩具，怎麼樣？」不論是對孩子或伴侶都不應該用這樣的方式。雖然我們有錯，但是在對談上的地位依然是平等的。

再拿前篇與花寶發生的事情來說明我當時是怎麼道歉的。我先處理好當下自己的情緒，也確認花寶的情緒已經回穩了。我坐到她的身旁，說：「花寶，妳現在可以跟爸爸說話嗎？如果還在生氣，不想講是可以的。」

「可以，我沒在生氣了。」花寶說。

「妳現在肚子還好嗎？還會痛嗎？」我先關心她。

「不會痛了。」她搖搖頭。

「女兒，」我溫暖地看著她，輕輕的把她抱到懷中，稍稍停頓了一下，「對不起喔，爸爸剛剛想把妳抱進房間裡的時候，太過用力，把妳的肚子弄痛了，這是爸爸的不對，爸爸要跟妳道歉，對不起。妳願意原諒爸爸嗎？」

「嗯，我原諒爸爸。」花寶點了點頭。

「爸爸會有些拿捏不了力氣，是因爲我在生氣。我的生氣，是在提醒妳時，妳的回應方式讓我感到不舒服。不過，即使我在生氣，也不可以這樣對妳，應該用更好的方式來應對妳，所以，我感到相當自責，也想跟妳道歉。爸爸答應妳，這樣的事情，絕對不會再發生了，謝謝妳願意原諒我。來～爸爸抱一個。」我與花寶緊緊相擁了好長好長的時間。

「爸爸，我也要跟你說對不起。」緩緩鬆開擁抱之後，花寶對我說。

「喔，怎麼了？」

「你在跟我講話的時候，我其實是有聽到的，但是我卻沒有理你。」

「是什麼原因讓妳不想回應我呢？」

「因爲我想看書，不希望被打斷。」

「爸爸提醒妳了幾次，有讓妳覺得煩嗎？所以，才會有剛剛丟書的舉動？」

「有。」

「女兒，如果妳當時是感到煩的，妳不想被打斷，也可以試試用別的方式來跟我表達，而不是不理會我，好不好？」

「好。」

「下次遇到類似的狀況，趴在地上看書，而我的提醒讓妳煩躁了，妳覺得可以怎麼回應我呢？」

「我會說，爸爸我看完這個段落，就會去沙發上坐好再看。」

「對啊～這個回應好棒喔，謝謝妳有想到好的辦法。如果下次也因爲有情緒而沒做到，也沒有關係，我們再慢慢的練習就可以了。」

只要願意如實地對孩子闡述自己後悔的感受，誠實地點出自己的過錯，讓孩子領會到我能明白你當時的感受。**真誠的道歉，能夠撫平因為衝突所造成的傷痛，親子之間的連結，甚至可以更加緊密。**

對話時，請顧慮對方的感受

對話，也就是「與對方說話」的意思。換言之，要有好的對話，肯定要顧慮他人的感受。

「不好意思啊，我講話就是這麼直。」「你也知道的，我做人不喜歡拐彎抹角，如果說話傷到你了，先說聲抱歉啊。」我有認識的人會講這樣的話，好像很坦白地在打預防針，但說白了就是「我說我的，根本不在乎你的感受」，是一種自私的行徑。

直接與白目，只有一線之隔。我們可以說話直接，坦承內心的所有話語，但是說出來的一字一句皆要顧慮到他人的感受。只要在對談的當下，有試著以他人的角度來設想，多半就不會造成傷害，需要道歉的機會也會減少。

曾看到藝人楊丞琳的一則新聞，她在一個選秀節目中擔任隊長的角色。在測試階段，隊員張柏芝不斷失誤，當場落淚，很自責地說：「對不起，讓你們失望，我覺得好像拖了大家後腿。」其他團員們紛紛圍過來安慰：「沒事，你不要這樣想。」「你不要失望。」

此時，楊丞琳走了上來，向張柏芝說了這段話：「妳的確拖後腿了，剛剛那樣子上台，眞的很不好。但是這個拖後腿，不是責怪，是我們看見問題了，去調整就好了，我也看得一清二楚妳有多努力。我們都知道這兩天妳是怎麼練的，花了多少個小時。我們要做的是，不要白費妳的努力。小考是要幫助我們找到問題，我們看到問題，接下來拿小考得到的反饋去做改進。」

這段扮黑臉的話語雖然直接，但是，說實話講得太好了。點出問題，又有道理，也不會讓人不舒服，顧慮到了聽者的感受，情商眞的太高了。

關心聽者的感受

身爲父母的我們，教養的當下，時常會有「這樣說是爲了你好」的盲點，而不經意的忽略掉孩子的感受。所以，爲了能讓彼此的對話，持續擁有良好的品質，我經常會保持自覺，發現到可能需要調整的地方，都會主動關心孩子聽到的感受。

有次在教導澤澤寫數學功課時，同樣的觀念講了兩、三遍，他還是很模糊，我的語氣有點急促、語調有些加重。事後，我有發現到問題，於是特地詢問澤澤：「兒子，爸爸教你數學的時候，**我說話的方式，有讓你覺得不舒服嗎？**」「沒有啊。」他的回應讓我放心了。如果他說有的話，我一定會爲了孩子而調整。

「我說話的方式，有讓你覺得不舒服嗎？」

「我剛剛那樣講，你聽了有不開心嗎？」

「如果我提醒太多遍，你可能有點不耐煩，覺得爸爸要怎麼說你比較能接受呢？」

「我身為你的爸爸，有教育你的責任，該管的就要管。如果你覺得我應該要信任你，那你認為爸爸要怎麼提醒你比較好呢？」

這些都是過往我與孩子的對話中，以關心他的角度所做的詢問。當我們願意放下權威的身段，孩子會感受到一個願意尊重與傾聽他的大人，雖然是在進行著教養的動作，但是唯有破除高高在上的高牆，敞開大門交流，孩子才會更願意說出內心話。

其實，夫妻之間的對話也一樣。**面對最愛的家人，我們更應該好好說話。**

4. 衝突後的自我對話

自省，是自我成長很重要的關鍵。

我們總會在教養的過程中犯錯，然後，產生滿滿的後悔與自責。即便一直告訴自己，「下次不可以再這樣了。」「我要改、我要改。」然而，再度遇到相同的事情，又忍不住再犯了同樣的錯。一而再、再而三，甚至產生了放棄的念頭。

想想自己，任何事情從不會到會，光靠想就能辦到的嗎？不會的，如果我們希望從迴圈中跳脫出來，通常需要經由身體力行的嘗試與體驗，並且允許自己犯錯，同時從錯誤中不斷地修正。當身體的記憶經由練習而成爲慣性，才能在眞正的實踐中獲得改變。

「理性的認知」→「我明白要這麼做」，與「感受的體驗」→「我懂得該如何做」，是全然不同的。

想要在教養的旅途中，透過感受的體驗而持續進步，就需要在**靜心的狀態下進行自我對話**。

靜心的自我對話

所謂的靜心，是讓自己的內在與思緒能夠完全沉靜下來的狀態，類似於冥想或打坐的境界。我是隨性的，沒有固定的姿態，每個人皆可以找尋適合自己的方式，也可以與我的不一樣。有些人是採用靜下心來書寫，把心中雜亂的思緒用文字來整理，也能達到同樣的效果。

當我覺得需要靜心的時候，會在孩子已入眠的睡前時段，把客廳的燈光調到微亮，盤坐在沙發上，找到一個自在的姿勢，進行著下列的步驟。

數次的深呼吸

同樣是深吸慢吐，閉上雙眼，邊做深呼吸邊把專注力放在自己身上，試著感受全身是否都放鬆了。特別要觀察在內心波動的情緒是否平靜了，在腦中跑來跑去的思緒是否穩定了。

瀏覽衝突的過程

把今天與孩子所發生的衝突事件，令自己懊惱不已的過程，在腦中重新跑一遍，如同在播放影片般，以第三者的視角來檢視自己。比方說，我與花寶因為看書所發生衝突的當晚，我就在腦中從頭瀏覽了一遍整個過程。

把自己曾經後悔的事情，在腦中思考一遍，是承認挫敗的開始，也是願意面對的開端。只有把挫敗牢牢的擺在眼前，誠心去正視它，才能湧現勇氣去挑戰它，進而改變自己。

關注自己

瀏覽過程時，關注自己在衝突中的行爲變化與情緒波動。

當我被花寶的語氣與神態給激怒時，我觀察到自己有壓書的強制動作，以及後續強硬地把花寶扛起來的舉動，同時，我也知道當時的自己是有情緒的。當我覺察到了這些變化，腦中回放出這段畫面——準備上前把花寶扛起來的瞬間，我快速按下暫停鍵，讓畫面停格。接著開始進行如下的自我對話：

「瑋志（呼喊自己的名字），你當時的感受是什麼呢？」我問。

「是生氣。」我回答，並試著接納情緒——「我當時真的好生氣、我是可以生氣的、我允許自己生氣。」同時，配合著深呼吸，感受正在靜心的自己是否依然保持穩定。

「生氣什麼呢？」確認我的狀態平靜了，再做一個很重要的步驟——**探索情緒背後的原因**。

「生氣女兒回應我的說話方式。」

「是什麼原因使她這樣回話，讓你生氣了呢？」我再問。

「因為，我認為自己已經很有耐心的在跟她說話了，她居然還這樣，真的讓人氣餒。」

「所以，你有感到挫折嗎？」

「我好挫折喔，我也感到好沮喪。有時，我真的不知道該怎麼對她，已經很努力地試過很多方法了，但是，還是會有今天這樣的狀況出現，覺得自己很糟糕。」冒出這句話時，我的淚水，不自覺的從閉上的雙眼眼角流出。

「你願意與你的沮喪靠近嗎？」我的情緒比較回穩一點之後，我詢問自己。

「我是願意的。」稍微停頓了一段時間，再緩緩地說：「我感覺到自己好沮喪喔、我是可以沮喪的、我允許自己沮喪、我願意跟自己的沮喪在一起。」重複數次。

原本以爲當時的我，只有生氣的情緒，沒想到，在靜心的自我對話下，發現到了，在生氣的背後，原來是挫折與沮喪。當我願意與沮喪靠近，把沮喪捧在手掌心上，放在眼前端詳著，面對它、正視它、接納它，讓因爲感到沮喪而難過的我，內心的情緒再次獲得紓解與釋放，而回到了平靜。

情緒不會完全消失，它會因為被接納了，開始對我們的影響慢慢變小。

在此步驟，「探索情緒背後的原因」是很重要的環節，覺察到情緒了，問問自己「我在生氣什麼？」「我在難過什麼？」「是什麼原因會這麼沮喪？」「我是怎麼看待生氣的自己呢？」**探索內在，挖掘內心的聲音，才能更加了解自己，進而從糾結中獲得釋懷。**

轉換情緒

我們是可以有情緒的，但是，該怎麼讓情緒在爆發的當下，找到另一個出口呢？

「瑋志，下一次，如果你又因為沮喪而感到生氣了，你除了壓住書本、把女兒抱進房間之外，還有什麼方式可做呢？」我繼續著自我對話。

「我覺得可以告訴她，『我對於妳的說話方式是生氣的，爸爸先不說了，我們等一下再談』，然後，就暫時不理會。如果，還是很生氣的話，就直接離開現場，到廚房或房間去冷靜。」

「這是個很好的辦法喔。離開現場了，你有什麼辦法可以緩和生氣的情緒呢？」

「我可以喝口水、深呼吸，或是出門到附近繞一繞。」

想一想，情緒來了，可以有什麼更好的方式來應對孩子？可以有什麼其他的方法，讓自己的情緒變得穩定？

欣賞自己

聚焦在自己的努力、付出與正向特質，懂得欣賞自己，才能更愛自己。

「瑋志，謝謝你，堅持找很多的方法來應對女兒的情緒，你真的很努力了。」
「瑋志，謝謝你，在發生衝突之後，願意花時間來審視自己。」
「瑋志，謝謝你，想要跟孩子有更好的關係，願意找方法來調整自己。」
「瑋志，謝謝你，願意接納那個沮喪的自己，你好棒。」

向自己說一聲謝謝，是欣賞的展現。欣賞了，會從中看到自己的價值。**對自己有足夠的愛，才能更有耐心來愛孩子。**

欣賞完自己之後，再做幾次深呼吸，才緩緩地睜開雙眼，完成這次的自我對話。

有嘗試了，再次欣賞自己

如果往後有發生類似的狀況，只要是我在衝突當下的行爲，有做出一點點的改變，或者是整體的情況有比上次更好，都會再次地欣賞自己，對自己說：

「瑋志，雖然跟原本預期的有落差，但是，你依然努力去試了，你真的好棒。謝謝你願意為了孩子而改變，相信之後會越來越好的。」

改變，從來不是瞬間辦到的，而是一點一滴地逐步累積。即使只有一點點的不一樣，也是經由很努力地付出，才有了進步。**為了孩子，一直都很用心的我們，絕對值得被自己如此的欣賞著。**

我的情緒變化

當我在靜心之下的自我對話，透過發自內心的感受體驗，會越來越懂得在衝突下該怎麼做。慢慢地，我的情緒會因爲孩子的行爲而起漣漪的頻率，將漸漸地變少。

那次與花寶的衝突，距離寫這篇文章的現在已經兩年多了。這些年間，我未曾再與孩子發生過任何的衝突。當然會生氣，也做過幾次的自我對話，但同時也感覺到，應對孩子的情緒時，我心中情緒的起伏程度，著實小了非常多，也能夠找到方法來轉化。有時，甚至感覺到，情緒的平靜程度，彷彿躺在一望無際的無浪湖泊中，是平穩的、是舒服的，也很容易在任何時刻覺察到自身的情緒。

當我們的情緒是穩定的，才能用更好的姿態來與孩子對話，讓他安心地願意向我們說出內心話。

PART2

親子的對話

Chapter 2

對話的開端

每個孩子的內心，都渴望與爸媽連結。剛出生的孩子，用哭聲，來吸引關愛；年幼的孩子，一直問問題、緊跟在爸媽身邊，以獲得關注；即便是開始轉往尋求同儕認同的青春期孩子，也仍希望跟爸媽關係良好、能被認同和接納。

1. 孩子的內心，都渴望與爸媽對話

曾有一場在國中的演講，對象主要是家長，但是，在準備開始之前，卻發現到有個女孩很準時的走了進來，左右看了看，靜靜的找了第二排的位置，坐了下來。

我演講時，不經意的望著她，內心滿是好奇。她的爸媽呢？會晚點到呢？還是真的只有她一個人來聽講呢？

隨著講座到了尾聲，確定她的爸媽不會出現，我的心中就更加好奇了。她來的目的是什麼？想從講座中得到什麼？是什麼動力，讓一個國中女孩願意來參加一場兩小時的講座？

演講後，我走上前去問她。

「哈囉，妳爸媽呢？怎麼沒有來？」

「喔，他們在忙。」她有點不好意思。

「妳怎麼會想要來聽親子講座啊？」

「嗯，學習啊。」

「是喔，妳想學到什麼？」我有點驚訝。

「想知道怎麼跟爸媽聊天？」

「怎麼了？你們很少聊嗎？」我再問。

「對啊。」

「是什麼原因很少聊，工作忙？」

「對啊，他們很長的時間都在工作。」

「那麼，妳有做過什麼努力，嘗試跟爸媽聊天呢？」會下定決心來聽一個陌生人演講之前，通常應該有做過些努力。

「趁他們在的時候講學校發生的事。」

「他們的反應是什麼？」

「嗯、嗯、喔。就這樣。」

「妳聽到爸媽是這樣回應，妳有失落或難過嗎？」

「都有。」她點點頭，眼中似乎帶著落寞。

「妳爸媽知道妳是如此的想要與他們親近嗎？」

「嗯……應該不知道吧。」

「妳好棒喔，我眞的很少看到一個孩子，會爲了想跟爸媽拉近關係，願意捨棄晚上的時間，坐著聽一位陌生人講兩小時的話。妳眞的好棒，相信爸爸媽媽一定會感受到妳的用心。」我衷心的稱讚著。

「謝謝，還好啦。」她害羞地微微的笑了笑。

「不，我要替妳爸媽謝謝妳。謝謝她們有妳這麼棒的女兒，謝謝妳想要跟爸媽拉近關係的心意。」

要不是爲了趕車，我好想再跟她多聊一會兒。因爲，眞的很少看到爲了拉近跟爸媽的關係而主動做出改變的孩子。我相當心疼她，希望她的爸媽，有看到她的渴望，有看到她的期待，更看到她的努力。

錯誤的應對方式，只會讓孩子感受不到被愛

每個孩子的內心，都渴望與爸媽連結。剛出生的孩子，會用哭聲，來吸引爸媽的關愛；年幼的孩子，一直找爸媽問問題、希望我們陪他，來獲得爸媽的關注；即便是青春期的孩子，開始轉往同儕認同，但不代表他就不再渴望爸媽，他還是很希望跟爸媽的關係是良好的，期待從親子互動中，獲得認同感、價值感與歸屬感。

然而，孩子越大卻越發現，爸媽認同的我，不是最眞實的我，而是大人期許下的我。於是，一個迷惘的孩子，在爸媽的眼中找不到可以被認可的自己，只好轉往同儕與網路世界去尋找認同，否則，他是兩邊都想要的。

其實，我們也不想這樣的。

我們都好愛好愛孩子，因爲愛，辛苦賺錢養家；因爲愛，用盡全力地保護他；因爲愛，對他的期許很高；也因爲愛，很用心地去教他。

然而，**用錯了方式、應對、溝通，付出了愛，孩子卻沒有感受到「被愛」**。

辛苦賺錢養家，卻忽略了親子之間的實質陪伴與互動，讓孩子得不到家庭的歸屬

感，就如同那位來聽我講座的女孩——

捨不得讓孩子辛勞，也擔心不懂事而犯錯，凡事替他安排與決定的保護，卻讓孩子感受不到能夠掌握自主的價值感。

期許孩子在學業與成績上能超越他人、要求高分、好還要更好，卻讓孩子有種自己永遠達不到爸媽心中高標的沮喪與挫折，也無法獲得認同。

用心教養，遇到孩子犯錯，沒有表達出我們的擔憂，不斷地嘮叨與指責，卻讓孩子只有接收到碎唸與煩躁的不耐。

孩子的內心，都是渴望與爸媽對話的。

隨著得不到歸屬感、缺乏價值感、沒被爸媽認同，以及聽著爸媽說話，內心產生了不耐煩，心中開始埋怨「你們想聽我說話嗎？」、無奈「反正你們也不會聽我的想法」、挫折「我怎麼這麼糟糕。」、煩躁「少說少錯，不然又要被唸了。」

漸漸的，孩子即便內心有話，也不想說了。

做好對話的雙向溝通

在我上一本書《世界愈快，對孩子說話要愈慢》裡有提到，雙向溝通的定義爲：「我們說的話，孩子聽得進去。而孩子內心有話，願意說出來告訴我們。」當孩子不想說，也不想聽了，只有呈現爸媽單方面的說教與說服，甚至採用打、罵、恐嚇、金錢與物質的利誘等方式，來強迫孩子聽話做到。如此，都會讓親子關係變得越來越疏離。

關係一疏離，孩子就更不願意聽，也更加不願意說了，產生惡性循環。

唯有「說對溝通」「做好對話」「建立關係」，才能擁有走進孩子內心的鑰匙。

本章，希望能夠用清楚的對話脈絡，知道該如何用好的說話方式來應對孩子，一層又一層的往內探索，讓他自己說出心中眞正的想法，不用說教，也能讓他聽進我們的話語，感受到愛與價値，進而自己願意與我們分享，試著一起討論，並做出改變。

重新連結到孩子心中，那份渴望與我們對話的初心。

2. 親子關係是開始對話的根本

某次演講前，主辦人到高鐵站接我，車上我們聊了很多。當她談到正在讀大學的兒子時，頓時忍不住紅了眼眶。原來，在外地讀書的兒子，從搬離家的那一刻起，彷彿爸媽不曾生過他一般，不會主動聯繫，甚至連爸媽要去找他時，都會避而不見。傳個訊息也往往是已讀不回，只有在缺錢的時候才能看到他。

「我這麼辛苦的把他養大，到底做錯了什麼？怎麼會養出一個不知感恩的孩子？」她很傷心地說出這句話。

這幾年，我到各地演講，在上千場的演講會上，面對了數萬個父母與家庭。我領悟到一件事情，親子之間最重要的，不是成績、表現、成就，而是「關係」。

「親子關係」是親子之間一切的根本。親子關係深厚且緊密，我們的教養話語，孩子才願意聽得進去；我們想要溝通時，他的內心話才願意說出來。如此，才是真正的雙向對話。而且，他長大離開家了，探望我們、聯繫我們的背後，沒有任何目的，是很單純的愛與思念。

可惜的是，許多爸媽都知道「關係」的重要性，但隨著忙碌的生活，一天過一天，卻忘記了，**「關係」二字，需要從每天之中一點一點的慢慢累積。**

親子關係的四層連結

人與人之間的互動，有分成四層的連結：**表面連結**、**事件連結**、**頭腦連結**與**內心連結**。家人之間，包含親子與夫妻，最好都要處於頭腦連結與內心連結的深度，因爲越在下層，關係越深、連結越緊密。

①表面連結（敷衍回應、點頭之交）

顧名思義，雙方的回應皆爲表面應答，「嗯、是喔、差不多、沒有啊、就那樣……等。」當親子之間的對話已經呈現如此的樣貌，表示關係已經有著相當程度的疏離了。因爲，他在學校的事情，透過深思熟慮之後，已經選擇不跟爸媽說了。

根據我的觀察，現在許多小學高年級與國中生的孩子，可能已是如此回應爸媽了。要記得，冰凍三尺非一日之寒，親子的關係會變這樣，絕對不是一句「他青春期，叛逆啦！」就能夠帶過。會變成這樣，多半在小學時就已經有徵兆了，只是我們沒有注意到罷了。

②事件連結（講事情、時事、八卦）

「我們體育課上的是躲避球。」「我今天在學校的午餐吃的是水餃。」「某某同學惹老師生氣了。」這層所分享的事件與感受無關，單純描述曾發生的過程與細節。

孩子從幼兒園到國中，如果都願意講述在學校所有大大小小的事情，表示親子關係至少有達到六十分的及格標準。不過，我們要注意的是，孩子跟我們分享的事情，是否有經過報喜不報憂的篩選，關於這點，會在後續做進一步的說明。

只是，以關係深度來講，親子間只有達到這樣的對話程度，還是不太夠的，畢竟，朋友也能做得到。爸媽要超越朋友擁有更深厚與緊密的連結，就必須要以下兩層爲主要目標了。

③頭腦連結（分享想法、心得）

「我覺得……、我認爲……」「老師這樣說，我的看法是……」「我不想這樣做，因爲……」

孩子願意向我們如實的闡述想法，特別是明知道爸媽會不認同的想法，也願意向我們傾訴。表示在每種程度上，他認爲我們是會聆聽他的。設想一下，當我們願意把內心話說出來給某個人知道，這個人對我而言，肯定有著「信任」「重視」與「安心」等特質。我們是這樣，孩子也是如此。

他說出來的想法，不會得到我們的說教、指責與碎唸。反而感受到的是，聆聽、接納與理解。並且，聽完他的想法，我們願意與他一同討論，做深入對談，沒有反駁、說服與忽略。

當孩子感受到我們願意接納所有面向的他，才會願意與我們坦承他真正的想法。

④內心連結（分享感受、情感交流）

「爸，我好開心喔，因爲……」「今天眞的是讓我太生氣了。」「我聽到他這樣說，我有點難過……」這層所分享的，是以內心的情緒與感受爲出發點衍生出來的。

我的孩子，每天放學回家，都不斷地跟我們說著今天所有開心與不開心的事情。因爲，對著自己最愛的人，分享內心的感受，與之情感交流，絕對是件最幸福的事。不僅僅是願意分享正向感受（開心、快樂、驕傲、喜悅）的事情，連負向感受（難過、生氣、沮喪、挫折）的事情，也願意告訴我們才是最棒的，親子之間的連結度肯定是最深厚與緊密的。

希望孩子能與我們分享感受，必須從小在陪伴與對話的過程中，帶領他認識情緒教育。這個部分，將在下一個章節說明。

再忙，我也想要與你培養親子關係

到處演講的過程中，看到許多孩子升上四、五年級後，特別是國中，安親之餘，還有補習，回到家差不多都要晚上九點、十點。九點多才見到面，而且，已經工作一整天、唸書一整天，精神與心態上都累了，彼此的對話多半都環繞在「關心的問候」（像是餓不餓？累不累？別太晚睡……等），與「課業的叮嚀」（像是考試考幾分、功課多不多、明天的考試準備得怎麼樣？），希望做到「頭腦連結」與「內心連結」眞的是難上加難。更何況，如果孩子急著要回房間玩3C，或者是隔天還有功課沒寫完，當然只會用「嗯、嗯」的方式來敷衍我們了。

關係深度的培養，沒有捷徑，靠的是每天一點一點的累積。有時，可能需要我們主動與孩子開啓聊天的話題。

試著在忙碌的有限生活中，也要做到：

1 實質的陪伴

2 沒有說教的聊天
3 專注地傾聽
4 分享彼此的想法
5 討論雙方的意見
6 內心的情感交流

展露出「我再怎麼忙碌，都想要與你對話」的氛圍，才能一步步的聯繫良好的關係，破除孩子心中的高牆，說出內心話。

關係有了，溝通才會順暢，教養才會有效，對話才能實踐。

3. 從日常生活建立對話習慣

我的孩子從小就很喜歡跟我與老婆聊天，或者也可以說，很習慣全家人一起聊天的氛圍。對話不是只有在需要教導的時候才進行，而是在日常的生活相處時，就可以不斷培養的一件事情。

從周邊的親朋好友，發現到許多爸爸們，跟朋友在一起很會聊，但是卻不知道怎麼跟孩子聊。探究原因，很奇妙的是，爸爸跟朋友們很能講些五四三，但是跟孩子卻總是愛說教與講道理。

「沒有說教意義」的對話，是能讓親子對話一路延伸的重要關鍵。

沒有說教意義的對話

剛上國中的澤澤，有天早上出門前，突然唉聲嘆氣地說：「好想請假喔。」

「怎麼啦？今天在學校會有什麼很煩的事嗎？」我問。

「有啊！我不想上體育課。」

「體育課？你不是最愛體育課的嗎？」

「是啊，但是今天是游泳課。」

「你覺得游泳很煩喔？」

「對啊，超煩的。」

「游泳對你而言，哪裡煩呢？是不會游呢？還是要穿泳衣泳褲讓大家看到呢？」

我憑著日常對他的認識，做出猜測。

「都不是，是換衣服的時候很討厭。」

「換衣服的時候，哪裡討厭啦？」

「就想要快速地換一換，趕緊出來。」

「這麼急喔？是有很多人搶著換嗎？」

「不是，我想要趁著還沒有人進來的時候，趕緊換。」

「你在換泳衣的時候，是害羞嗎？還是擔心？」

「擔心。」

「你在擔心什麼？」

「我擔心有人突然會拉開更衣室的幕簾。」

「突然拉開？想要幹嘛呢？」

「覺得好玩，想要鬧人。」

「只是，你今天是第一堂游泳課耶，怎麼開始擔心了呢？是有同學說他要這樣開玩笑嗎？」

「沒有，班上同學倒是沒有這樣講過。」

「既然沒有人這樣說，你怎麼會擔心呢？是曾經有發生過類似的事情嗎？」

「之前小六的時候，有男生同學會這樣做，我不喜歡這樣。」

「你當時有被掀開幕簾嗎？」

「我沒有，只是有看到，所以，不希望發生在我身上。」

「喔，你之前經歷過，現在上了國中，有了聯想，所以，讓你也跟著擔心起來了，是嗎？」

「嗯。」

「了解，爸爸終於明白你爲何會覺得游泳課很煩，有想要請假的念頭了。」

他其實也明白不可能因爲這個原因就不去學校，單純向我抒發了一下，我後來也與他分享了幾個能夠快速換衣的方法，兩人講到哈哈大笑，帶著開心的心情上學了。

因爲澤澤早上突如其來的一句話，而開啓了後續，也讓我了解到他的想法與曾有過的經歷。如果我直接回他：「幹嘛請假？沒事不能亂請假喔。」地說教，搞不好就沒有後續的對話了。

整段對話，運用了幾個後續都提及的技巧，而對話之中的雙方，**沒有壓力、沒有質問，只有關心、好奇與理解**。整體的感受是放鬆、舒服、自然、安心的。

隨時都有對話的機會

某天的下午一點多，花寶和我一起走回家的路上，因爲氣溫高達攝氏二十八度，我看到她穿著兩件薄長袖（早上出門氣溫稍涼），於是，在路上有了以下的對話。

「中午天氣變熱了，回家妳換件短袖，好嗎？」我問。

「爲什麼要換？」她對我的話提出異議。

「妳沒有感覺熱喔？還是妳有什麼想法呢？」我聽出她的語氣是抗拒的，所以，好奇她抗拒的想法。

「我不想換衣服。」

「妳是不熱呢？還是不想穿短袖？」

「我不想穿短袖。」

「是什麼原因不想穿？」

「因爲我不想讓別人看到我手上的結痂。之前在學校，只要穿短袖，他們都會一直問我的手怎麼了。」我女兒因爲異位性皮膚炎，抓癢時抓破皮常會留下結痂。

「喔，妳是怎麼回答他們的呢？」

「我就說，我是過敏會癢。」

「他們知道什麼是過敏嗎？」

「他們都認為過敏是打噴嚏，但是，我不想說我是異位性皮膚炎。」

「妳說了會怎麼樣？」我對於她說的「不想」，有了好奇。

「他們聽到『發炎』，就以為是會傳染的。」

「是喔，曾經有人這樣對妳說過嗎？」

「嗯，有。」

「什麼時候的事？」

「大概幼稚園中班，那個時候……（描述了一下當時的情況）。」

「當時，對方是怎麼說的呢？」

「他說『哎呀，好可怕喔，那我不要跟妳玩了』。」

「妳當時一定很難過，現在想到了，心情還會不開心嗎？」

「不會啊。」

「那就好。既然妳不想穿短袖，爸爸擔心妳等一下變熱，皮膚會癢，妳覺得可以怎麼做呢？」我提出我的擔心，但依然把問題丟回給她思考。

「我可以把裡面的長袖脫下來，穿一件就好。」

「好喔，是個好辦法。」

不僅是出門前可以對話聊天，吃飯時、走路回家的路上，都是建立對話習慣的好時機。

假設我在她說了「我不想換衣服」這句話的後面，接著說：「沒有，就是要立刻換。」可能就不會衍生後續的對話了，我也就不會知道她實際的想法，以及她爲何抗拒的眞正原因了。

我們太習慣用從小被對待的方式，來對待孩子。

從日常生活開始，改變親子對話的方式。可以設定練習目標，嘗試在每次的對話裡，有五句以上沒有說教意義的語句，之後再逐步增加。對話的內容可慢慢地從事件連結，往下挖深到頭腦與內心連結，相信，與孩子的關係肯定是越來越好。

4. 培養與孩子的情感連結

某次的演講中，我先描述了一個親子衝突的狀況，接著示範以情感連結的方式來說：「我明白你為什麼事情在生氣，爸爸知道。我剛剛有點嚴厲，讓你嚇了一跳，那是因為擔心……」此時，座位上有位陪著媽媽來的女孩，突然脫口而出：「好噁心喔。」

「剛剛我說那句話，妳覺得噁心喔？」她的話立刻引起了我的好奇。

「對啊。」這位妹妹也很大方地回答我。

「是什麼原因讓妳覺得噁心呢？」

「就……好奇怪。」

「奇怪的意思是，很少聽過這樣的話語嗎？」

「嗯……沒有聽過。」她搖搖頭。

「如果是妳遇到了這樣的狀況，最常聽到的回應是什麼？」

「罵我跟唸我吧。」

「雖然會感到奇怪，但是妳會希望聽到的回應，是我剛剛說的話呢？還是罵妳與唸妳的話呢？」

「嗯……你剛剛講的話吧。」

在《跟阿德勒學正向教養》一書，提及讓孩子能聽進我們的教養話語，願意停止不當行為，要「先連結情感，再糾正行為」。而連結情感的意思，話語中的詞彙與描述，重視情緒與感受，讓聽的人有種被理解的感覺，並且有愛在彼此之間傳遞。

連結情感，即是與孩子在做著第四層關係（內心連結）的交流。不僅是在聊天時才分享情感，教養與衝突時，更需要串聯情感。次數越多，關係越深。

可惜的是，我們往往容易用「頭腦分析」的慣性來教養孩子，像是講大道理來說服、不斷叮嚀碎唸、分析輕重緩急、告知後果的嚴重性，目標皆是為了解決問題，但是卻導致孩子不習慣聽到感受類的詞句，甚至覺得奇怪、噁心。漸漸地，能夠感受情感的心門也會被慢慢的關了起來。

頭腦分析當然也是要的，不當的行爲的確需要糾正與討論，只是要先以內心感受來連結情感，他才願意繼續聽我們說。**對話，要先重視「對人的關心」**。

內心感受與頭腦分析

在一次的工作坊，我逐一詢問著每位家長：「你跟孩子有了衝突時，你內心的情緒是什麼？」問到一位媽媽時，她回答：「沒什麼感覺。」

「沒有感覺喔，所以，妳都是很平靜地跟他好好說囉？」

「沒有啊，也會罵他。」

「妳在罵的時候，內心有什麼情緒呢？」我想，肯定是帶著情緒的。

「我也不想罵他啊，還不是因爲他不聽……」

「我明白妳不想罵他，妳能感受一下當下的自己，是什麼情緒嗎？」我先打斷她，趁她把話題拉走前，回到原本的問題上。

「反正，當媽的就是這樣啦，唸一唸、罵一罵，孩子還是……」

我跟她來回說了幾句，發現她一直在反駁與解釋，對於情緒的相關回答，完全沒有。表示她已經習慣用頭腦來回話，而沒有先去感受內心再回應。我猜測，她從小的生長環境裡，周遭的大人應該只用「頭腦分析」的方式來說教與講理，比較沒有情感的連結，導致心門關了，長大後的她，較難去感受內心與表達情緒了。

內心的聲音

假設同事一大群人外出吃午餐，有幾個人提議想吃速食。聽到了，自己內心可能會有兩種聲音出現，第一個是「我不是很喜歡吃速食。」第二個是「既然大家都這麼決定，我應該要合群，一起去吃速食。」

第一個聲音，是發自內心真實感受的想法，主要是對「人（自己／他人）的關懷」；

第二個聲音，是經由頭腦分析後的念頭，主要是對「問題的解決」。1

這兩種聲音沒有哪個好或不好、對與不對，而是兩個都重要，不能缺少任何一方，需要找到平衡，像是，買自己愛吃的餐點，跟大夥一同回公司吃。**凡事只在乎內心感受，會過度理想，缺乏實際感。而永遠都用頭腦分析，會過於迎合與算計，缺乏真我與情感。**

與家人之間的互動，主要以傾聽「內心真實的聲音」為主，「頭腦精算的分析」為輔。因為，家人之間的連結，以愛與情感為最重要的。而第一章節所提及的〈靜心的自我對話〉（參見041頁），就是對於傾聽內心聲音的練習。

內心的聲音，如果有經歷長期的練習，當我們成為爸媽面對孩子時，較能換位思考，以他的角度來同理與理解。反之，便會依賴透過頭腦的分析來應對事情，總是在分析與講道理。

頭腦分析的言論

有次在高鐵大廳等待搭乘時，鄰位坐著媽媽與孩子，而爸爸站在孩子身旁。從話語中得知，應該是買不到連號的座位，三個人必須分開獨立坐。孩子不想自己一個人坐，一臉氣憤。只聽到爸爸在旁一直說這些話語：「媽媽就在後面，有什麼好怕的。」「都小學三年級了，要學會勇敢一點。」「要獨立自己坐，才能夠長大啊。」這些言論，全都是經由頭腦分析的說服，目的是爲了解決事情。

若是懂得傾聽孩子內心的聲音，相信就會多了「你會緊張，是嗎？」「擔心什麼呢？願意跟爸爸說嗎？」「媽媽就坐在你的後面，你轉頭跟媽媽說話，或是牽著手，會不會降低你的不安呢？」這類的話語，也才能降低孩子心中的不安感，讓他感受到父母的關懷，連結彼此的情感。

希望孩子願意與我們擁有著第四層關係（內心連結）的互動，能夠向我們表達內心的聲音，心門對家人是敞開的，就必須先從小帶領他來學習「情緒教育」。孩子有能力懂得如何覺察情緒、說出感受，對於後續我們探索他的內心話，也占著一個非常重要的位置。

情緒教育的四步驟

情緒有兩種，第一種是「基本情緒」，為先天存在的原始本能，像是高興、生氣、難過、害怕……等。第二種是「複雜情緒」，大致是後天經由與環境（人）的交流，以及自我認知所產生，像是尷尬、挫折、驕傲、失望、嫉妒、內疚……等。而這些情緒，學齡前就已經出現了。

一個四歲的孩子，玩積木要堆高，不斷地嘗試都一直倒下，好幾次沒有成功。此時，他的心中產生了「挫折」的情緒。**沒有體驗過情緒教育的孩子，無法表達心中的挫折，只會感受到悶悶、脹脹、不舒服的感覺**，當下的他，為了要讓這種不舒服的感覺釋放，會轉為用原始本能的情緒來作為抒發，生氣的話，會大力地摔積木、責怪他人；難過的話，會聲嘶力竭地大聲哭鬧。

該如何應對這樣的孩子，在我的書《世界愈快，對孩子說話要愈慢》，第五部分

〈陪孩子度過情緒期〉裡有做詳細的說明。這邊想要表達的是，我們不會天生就懂得這些情緒，而好的情感流動，是當孩子心中產生不舒服的感覺時，他能夠覺察，並且有能力辨識出這是「挫折」與「生氣」的感覺，然後，向我們表達他是如何的挫折，以及怎麼樣的生氣，最後，再用不影響他人的管道來抒發，獲得情緒上的安定。

以上的正向流動，連大人都很難做到了，何況是孩子。只是，孩子要進行著上述的練習，就一定要靠大人的引導。不過，引導的當下，我們自身的情緒是否穩定，就非常重要了。（請參考013頁〈衝突當下的情緒覺察〉）

關於「情緒教育」，有四個步驟需要我們帶領孩子：

①認識情緒

意思是，把心中湧出的感覺，賦予它一個名稱。替眞實的感受命名，就能知道它是什麼，不會感到陌生與不知所措，也能幫助心情獲得平靜，進而探索情緒的由來。而讓孩子認識情緒，知道這些情緒的名稱，有兩個方法。

1**陪讀看繪本**：現在市面上有很多與情緒相關的繪本與橋梁書，從書本中的故事與主人翁的表情、動作，來讓孩子認識，什麼是生氣、難過、羨慕、嫉妒、失落……等。年齡較大的孩子，也可以透過文字書的描述，來藉由書中主人翁所經歷的情緒歷程與轉折，認識更多情緒的詞彙。

2**生活中描述情緒**：以剛剛孩子玩積木為例，我們看到了，可以跟他說：「你剛剛很大力地在摔玩具，媽媽知道你很生氣。是因為玩積木在堆高的時候，一直失敗，感到挫折嗎？」

「具體事件描述」＋「相對應的情緒」是大概的基本句型。他聽到了，能自然地把後面我們所帶入的情緒，與前面的事件描述給連結起來。如此，他就能慢慢地認識什麼是「生氣」、什麼是「挫折」了，其他的情緒亦為同理。

這樣的方式，就如同孩子小時候，我們指著車子對他說：「這是車子。」他的眼睛會把車子的外貌給看一遍（事件描述），再把我們說給他聽的「車子」二字（情緒名稱），配合在一起形成連結，就會記住車子是什麼了。

②辨識情緒

當孩子認識的情緒越來越多，就不用一直都是由我們說給他聽，可以轉換爲「我們問，讓他來核對。」這個自行核對情緒的過程，就是辨識情緒。

「剛剛很大力地在摔玩具，你怎麼了？可以跟媽媽說說你的心情嗎？」「除了生氣之外，你還有什麼感受嗎？」透過我們的詢問，他會先試著琢磨心中湧出的感覺，再把他所認識的情緒名稱做核對。如果是符合的，他就能夠回答「因為我好生氣。」「除了生氣之外，還有挫折。」

當然，一開始孩子可能還在摸索，核對起來依然模糊，以至於回答「不知道。」「還好。」等模稜兩可的答案。此時，我們用最有可能的情緒來反問，幫助他核對，「是生氣嗎？」「你感到好挫折，是嗎？」

加州大學臨床精神醫學教授丹尼爾．席格的著作《教孩子跟情緒做朋友》書中有描述「藉由教孩子檢視腦中（情緒與感受）的活動，我們便能幫助他們辨別哪些面向正在影響自己，並且幫助他們獲得更多對生活的洞察與掌控權。」

所以，越懂得如何辨識情緒，擁有核對感受的能力，也越能了解最如實的自己。而且，能夠**辨識情緒，也是學習承認情緒與面對情緒的過程**，進而讓心情穩定，才有辦法試著轉為下列的表達與正向抒發。

③表達情緒

我參與過李崇建老師（《薩提爾的對話練習》作者）的工作坊，記得阿建老師曾說過：「感受，是進入內心（冰山）探索的閘口。」所以，辨識情緒的下一步，就是要進行探索內心的動作，以情緒為開端，挖掘與此情緒相關聯的種種想法。

「你願意跟媽媽說，你在生什麼氣嗎？」「是什麼原因，讓你感到這麼挫折呢？」

他可能會回：「因為我想要堆高高給媽媽看。」「因為我剛剛玩每樣玩具都不順利。」

當我們透過情緒來提問，鼓勵孩子表達，才能知道他心中真正的想法。

只是，現實生活裡，與孩子的對話是無法如此的順利，他會不想說、敷衍回應、亂責怪、找理由，而這些都是有原因的，也是後面章節所要鍛鍊的功夫了。

④抒發情緒

如果把情緒比喻成一座火山，準備要噴出的岩漿，是不可能讓它消失不見的。我們能做的，是讓它用不傷害自己與他人，也不影響他人的方式來疏導出來。**抒發情緒最好的方式，是「運動」和「興趣與嗜好」**，而非電動與手機。[2]

情緒教育可幫助對話

當孩子時常練習四步驟的情緒教育，對於自身的情緒與感受越來越熟悉，也更能了解自己的內心聲音。同時，他從內在的混亂，透過自己的力量，感受到讓心情逐漸平靜的體驗，我們又適時的給他稱讚與鼓勵，獲得進步的喜悅與肯定，情緒控管的能力也能逐步增強。

孩子越能了解自己的情緒，控管的能力越高，當需要透過對話，來探索他的內心想法時，才能夠比較順暢地進行喔。

註解

1 頭腦分析也算是生存在社會中，所產生自我防衛的機制之一。像是，內心有了難過的情緒，大腦產生「算了啦～這沒有什麼好難過的。」的安慰話語，其實是逃避去觸碰眞實情緒的防衛機制。

2 知名演說家與作家賽門．西奈克（Simon Sinek），在網路上有一個瘋傳的影片，叫作〈千禧世代在職場上到底出了什麼問題〉。裡面講述了，當我們有焦慮、壓力或心情不好時，如果是利用外在物質，像是玩手機、關注社群軟體，還有抽菸、賭博、喝酒……等，來讓大腦獲得快感的多巴胺，雖然心情變好了，但也容易因此而習慣用此外在物質，透過麻痺效果來處理焦慮感，慢慢的從依賴、到沉迷，到最嚴重的結果——成癮。

Chapter 3

對話的基本功

開始對話之前，更重要的是培養親子關係與連結彼此的情感。而這章節，要來說的是與孩子對話時，我們應該要具備的基本功。

1. 對話的姿態

前面我們講了與孩子對話前的準備事項，明白孩子的內心是渴望與我們好好說的，開始對話之前，更重要的是培養親子關係與連結彼此的情感。而這章節，要來說的是與孩子對話時，我們應該要具備的基本功。

恐懼的對話姿態

我與小婷對話，是緣於她的媽媽來聽講座，趁著中間的空擋，牽著她來詢問：

「澤爸，請問一下喔，我的女兒，每次問她話，都不回答，怎麼辦？」

「妳的女兒幾歲呢？」我問。

「六歲。」這位媽媽說。

「妳說她都不回答，有什麼例子嗎？」她的描述有點籠統，希望她能詳細說明一下。

「就像昨天客廳的遙控器不見了，最後是在她的玩具櫃裡找到。我跟爸爸問她，是不是她拿的，她就是不回答。我們還說，不是妳拿的，也講出來，但她還是不說。而且我都有好好跟她說喔，但是不管怎麼問，就是一個字也不講。」這位媽媽身旁站著一位女孩。

「妳說的就是她嗎？」我指了指她身邊的女孩。

「嗯。」媽媽點了點頭。

「介不介意我直接跟她說一下話呢？」我詢問媽媽的意見。

「好的。」媽媽同意了。

「妳平常都是怎麼稱呼她的呢？」

「我都叫她『小婷』。」

「好的。」

「哈囉，小婷，妳好啊。我是澤爸，我有注意到剛剛妳都很安靜地坐在媽媽旁邊喔。」我蹲了下來，用和悅的表情，眼睛平視看著她。

「嗯。」女孩看著我，只應了一聲。我有感覺到她稍稍緊張的情緒。

「媽媽剛剛說的遙控器不見了，後來在妳的玩具櫃裡找到，這件事妳還記得嗎？」我中間有先試著緩和她緊張的情緒（這部分的對話稍作省略），確定她在我面前是願意表達的，才進入事件的主題。

「嗯，記得。」小婷點點頭。

「那麼～爸爸媽媽問妳話的過程，妳還有印象嗎？」

「有。」她說話真的都好簡短。

「小婷，爸爸媽媽問話的時候，是什麼原因讓妳不回答呢？」

「……」她陷入沉默。她的媽媽在一旁說：「對，她就是這樣。」

「小婷，爸爸媽媽在問妳話的時候，妳的感受是什麼？」我從感受做出發點，試著來問問看。

「不知道。」她停了好久。

「有緊張嗎？害怕？擔心？」我把每一個可能的情緒都說給她聽，每說一個情緒，都會停頓了一下，再說下一個，目的是爲了讓她試著辨識感受。

「有。」她想了想，點了點頭。

「有的話，是哪一個感受比較多？」

「害怕吧。」

「害怕什麼呢？」

「嗯……」她沒有回答，卻轉頭看了媽媽。

「是爸爸媽媽問話的方式，讓妳感到害怕了嗎？」我從她的行爲來猜測。

「對。」

「害怕什麼呢？」

「害怕被罵。」

「媽媽剛剛說她有試著好好跟妳說，那麼～是爸爸媽媽的哪個部分，讓妳感到害怕，而擔心可能會被罵呢？」

「語氣好兇、眼神好可怕。」小婷緩緩地說了出來。

面對危險與恐懼的保護機制

我們的大腦，有著保護機制，只要遇到恐懼、驚嚇、害怕與威脅的時候，會自動做出「攻擊」「反抗」與「逃避」的反射行為。

想像一下，我們走在一條烏漆嘛黑的小巷弄裡，沒有路燈，伸手不見五指。突然，有人從後方拍了我們的肩膀，此時，會立即自動做出哪些反射動作呢？通常會做出，向後肘擊、往反方向跳開、大叫一聲，這三種無須思考的本能反應。肘擊就是「攻擊」、跳開就是「逃避」、大叫就是「反抗」。

自我保護的機制被開啓的當下，孩子的攻擊行為，大多有肢體攻擊（打人、丟東西）、言語攻擊（大罵：媽媽最壞了、爸爸不愛我）、指責（「你還不是一樣」這類互相怪罪的回擊）；至於反抗的行為，以「我不要」最為經典，還有手腳亂踢的大聲哭鬧，以及回話毫無邏輯可言，單純我們說東他偏要說西的「為反而反」也很常發生。而小婷的回應方式則是**完全不回話，屬於逃避的保護機制，說謊、找藉口、回答「不知道」，也屬於此範疇。**

雖然，小婷的媽媽說沒有罵她、自認爲有好好說，但是語氣、眼神、姿態與話語，依然讓小婷感受到恐懼，擔心說了會不會被處罰？被罵？於是，她的保護機制就自動開啓了，不知覺地做出逃避行爲，也越不願意說，嘴巴閉得越緊了。

若是希望孩子願意對我們說出內心話，我們所呈現出來的對話姿態，要讓孩子感受到是安全的、講出口是沒事的。如此，保護機制是關閉的，我們才有機會往內探索。否則，被堵在保護機制所產生的厚牆外面，怎麼開啓親子對話呢?!

安心的對話姿態

我們願意把內心話跟他人訴說，這個人肯定有著「對他說出來是安心的」特質。對成人而言，這份安心，可能是他不會亂講出去、不會對我嘮叨。而**對孩子而言，這份安心，多半是說了出來，不會被罵、被唸、被凶、被處罰**。這個感受與聯想，絕對與我們平時相處長期所累積的經驗有關。

這邊提到的安心，是對話的當下，孩子看著我們，沒有產生恐懼、驚嚇、害怕與威脅的感受。假設我們沒有打罵他，眼神卻是惡狠狠地瞪他、語氣凶狠，還會突然大吼一聲、語調很急促與逼問，再加上拍桌，請問，孩子會感到安心嗎？

要辦到讓孩子能全然的安心，我們除了自身的情緒要穩定外（參考040頁〈衝突後的自我對話〉），眼神、姿態、語調、言語與說話方式，都要注意的小細節。

眼神平視

親子對話時，孩子無論是仰視（孩子個頭小，仰著頭看著高大的父母）與俯視（孩子立正站好，父母坐著訓話），都會無意間展露出權威的氣息。仰頭的視角，會把物件放大，讓孩子眼中已經是高大的我們更顯巨大。而俯瞰的視角，像極了在公司被主管訓話的場景。權威的氣息，容易開啓保護機制。

對話的立基點是平等與尊重，而尊重彼此、不帶壓力的視角，就是平視。

當我要跟兒子對話時，會邀請他一起坐，說道：「這件事情，爸爸是要教導你，而不是訓你，所以，一起坐著吧。」像我的女兒，個頭還比較小，我會蹲下來或彎著腰跟她說話，當然也會邀請她一起坐著說話。只要雙方的眼神是平視的即可。**水平的視角，能夠降低恐懼感，讓保護機制不易開啓。**

姿態平和

姿態，包含了我們全身上下所散發出來的身體語言。從頭到腳，像是眼神、表情、肢體動作、手與腳的擺放……等，均爲姿態。

相由心生，**我們的身體姿態其實是反映我們內在的情緒**。像是，煩惱通常會皺眉、緊張通常會搓手、憤怒通常會緊繃。而生氣的姿態，眼神、表情與肢體動作會不自覺地透露出怒火，孩子皆能察覺到，進而感到擔心與害怕。

若要姿態平和，首先要做到的是心情上的穩定。如果有覺察到自己正在情緒上頭，那就先暫停對話也無妨，等到雙方的情緒都平穩了再來說。待雙方可以對話了，我們再細細的觀察一下自己的姿態，是否有做到——

姿態要平和，掌握一個重點即可，就是「穩定」。

我們可以觀察自己的肩頸，是否有放軟呢？

觀察自己的呼吸，是否有放緩呢？

觀察自己的眼神，是否有溫和地看著孩子呢？

觀察自己的雙手，是否有自然的擺放呢？

沒有的話，不著急，可以先做幾次深呼吸，待自己的姿態確定穩定了，有達到平和的狀態，再來對話吧。

語調平穩、語氣溫和、節奏放慢

眼神與姿態正確了，接下來的步驟，就是說話了。說話的方式，太尖銳會讓人感到難受、吼聲會讓人恐懼、過於低沉會令人不安、急促則會緊張，都不是自然的展現。

只要情緒穩定了、姿態放鬆了、呼吸放慢了，我們自然而然地用熟悉的聲調來與孩子說話，如此，語調就會平穩、語氣就能溫和。

我們還要記得一件事，**說話時，節奏可以稍稍的放慢**。放慢的好處，可以在說話時，多一份思考，組織要與孩子說話的內容，也可以減少因爲腦衝而脫口說出的無心之語。同時，也能在放慢說話節奏的過程中，觀察孩子的姿態、表情等細微舉動，都有利於接下來的對話。

過程停頓

倘若我們在對話時，因爲孩子的事情、態度而生氣、著急，很容易在說話時變得急躁、不耐煩，甚至開始大聲了起來，這只會讓原本想要進行良好溝通的初衷，轉爲爭執與對抗了。

我們可以在過程中，試著「停頓」。也就是，除了節奏稍稍放慢之外，**句跟句中間，可以停留個幾秒鐘再講下一句話**。這樣做的好處，能夠掌握講話的節奏之外，也能夠平穩我們的呼吸，進而穩定情緒。

不知道各位有沒有聽過名人的公開演說，往往越是有吸引力的講話，通常都會用上停頓的技巧，最大的好處是可以穩定緊張的情緒，而聽的人也能感到安心與放鬆。反之，講話的人越是不安與慌張，每一句聽起來幾乎都是黏在一起的急促。

李崇建老師的《薩提爾的對話練習》中有描述到：「透過自己的停頓，能讓對方停頓」。**運用「停頓」得宜的話，還能夠帶動孩子，使之停頓，如此，他的情緒也能被我們的節奏所影響，而漸漸平穩**。目前的我已能達到如此的狀態，著實讓對話的進行能更加順暢。

呼喊小名

任何事物，有了一個專屬的名字，自然會變得親近，物品、寵物都是，人當然也是。原本只有見過幾次面的人，知道了對方的名字，叫了幾次，也會變得親切。

與孩子相處時，是否有發現到，心情好的時候，會叫他的小名。而生氣的時候，只用「你」來稱呼，或是喊他的全名。如此，會讓孩子有所警戒，產生「叫我全名肯定沒好事」的心態。

所以，**即便在生氣，也要試著呼喊孩子的小名（澤澤、花寶）、稱謂（哥哥、女**

兒）、暱稱（寶貝）或名字的後兩個字。才能夠在對話中，貼近彼此的關係、拉近雙方的距離，傳達出對他的情感之意。

語氣溫和且節奏放慢的呼喊小名，然後稍作停頓，眼神放緩地看著他，會讓一個原本不耐煩、眼神盯著別處，一副不想談的孩子，願意轉頭看我們，並且回應喔。真的很神奇，可以一試。

2. 以感受為出發點，探索想法

每個人因應外在環境，由內而外，有三樣東西是具有關聯性與連動性的，就是：「感受／情緒」「想法」與「行為」。

開車時遇到塞車，會跳出「完蛋了，要遲到了。」「等一下是很重要的約會，可不能遲到啊。」的想法，於是，心中湧出了「著急」「擔心」的情緒。也因爲有了這樣的情緒，我們的行爲開始出現了變化，會不斷地看手錶、狂按喇叭。

也因爲有如此的連動關係，當我們與孩子進行對話時，可以從外在觀察他的行爲，連到爲何有此行爲的情緒與感受，做出核對。再透過情緒或感受爲開口，往內探索想法。知道了他眞正的想法，進行討論。

從感受來探索想法

有次，花寶在鋼琴教室的期末表演中，彈了一首練習許久的歌曲。表演結束後，我想要把她的表演影片，分享到家人的Line群組裡。但是，花寶卻堅持不要。

「女兒，如果妳眞的不想把影片給其他人看到，爸爸不會放上群組裡。只是，妳的態度非常的堅決，跟以往大方的妳不太一樣，爸爸想要關心妳怎麼了?!」我觀察到她的行爲與以往不同，於是開始詢問。我繼續問道：「妳可以告訴爸爸，當我說要給其他人看時，妳的心情是什麼呢？」

「我有點擔心。」女兒表達了她的感受。

「擔心什麼呢？」我順著這個感受，試著探索與之連動的想法。

「因爲我有地方彈錯，我擔心他們看了會覺得我表現得不好。」她說出了想法。

「是整首都有彈錯呢？還是只有部分？」

「只有部分。」

「這是爸爸的提議，妳想一想，如果妳還是不願意就不傳送。」我提出討論的方法：「妳跟我說是哪一個部分彈錯，然後，爸爸把彈錯的部分剪輯掉，影片裡，只有妳彈正確的地方，這樣的話，妳願意讓其他人看到嗎？」

「可以。」她同意了。

否定孩子行爲與感受的影響

「外在行爲」與「內在感受／情緒」皆爲徵兆，來自於內心深處的呼喊，表示心中有了想法，正負兩面的行爲與感受亦然。倘若我們用了否定、指責、威脅與敷衍的方式來應對——「這沒有什麼好擔心的啦。」「哭有用嗎？哭很醜喔。」「你只會生氣，還會什麼？」「再鬧試試看喔。」「你這是什麼態度。」

孩子在當下，只會有兩個認知：

1爸媽根本不想聆聽我內心的聲音。

2當我有負面情緒的時候，感受不到爸媽是愛我的。

從年幼開始，透過上述事件的不斷累積，被對待的經驗化成實際認知。長大後（特別是青春期開始浮現），遇到事情，在外有了負面行爲，回到家卻是另一個樣貌，隱藏眞實的自己。內心有了負面情緒，卻選擇不再跟我們分享，只回應「沒有啊，就那樣。」於是，很多的父母感到錯愕，爲何從小嘰嘰喳喳講個不停的孩子，到了國中突然一句不吭。

假使我們有做到，**觀察到他的外在行為，先試著關心感受、詢問想法、專注聆**

聽，能讓孩子有種被關愛的感覺。明白到，不管有任何的情緒與想法，爸媽都是一樣愛我的，願意理解我的想法、同理我的心情、聆聽我的說話。如此，才會發自內心的擁有「被接納」的感受。這樣一來，不管孩子多大，有負面情緒了，都會願意與我們抱怨、願意跟我們訴說心事。

從生活中練習

對話方式，沒有固定的套路，依靠的是我們對話者的專注與觀察。若在日常生活中較少出現，總在想要深入對話時才有，反倒會讓孩子覺得奇怪，有了防備，不願意講了。所以，如果希望能夠與孩子進行著深度對話，在他的想法層次中不斷地流串，要從日常生活的聊天來做練習，**讓孩子熟悉這樣的說話方式**。

觀察行為：

「你平時沒有做過這樣的事情，怎麼這次突然想做了呢？」

「你最近生氣的頻率有點高，有發生什麼事情嗎？」

「你剛剛輕輕的嘆了一口氣，怎麼了嗎？」

核對感受：

「考試考不好，你會難過嗎？」

「這次考試，粗心的地方有點多，你的心情如何？」

「最好的朋友不跟你玩，你有生他的氣嗎？」

探索想法：

「是什麼原因讓你這麼在意呢？」

「當你說出這句話的時候，有在想什麼嗎？」

「關於這樣的行為，爸爸想要了解你的看法？」

只要有意願改變，嘗試在一天中，照著以上的方式提問一到五句，再逐步增加。有做到，請肯定與欣賞如此棒的自己喔。

或許一開始會有些不習慣，只要願意搭配正確「對話的姿態」，放慢我們說話的節奏，試著讓過程稍作停頓，過程中，思考著可以如何回應，一定可以成功的。而且，這樣的問話方式，也是進入下一篇文章的敲門磚喔。

3. 好奇的客觀提問

上篇說到，當溝通進入到孩子的「想法」時，是一層串聯著一層，彼此有著許多有意義的關聯性。而我們要找到中間串聯的連接點，對話出更深層的挖掘，就要善用「好奇的客觀提問」。先以下方簡單的生活對話來舉例。

假日傍晚全家同去散步，兄妹倆在公園玩設施，而我與老婆繞圈快走。回程時，我牽著女兒的手。「問妳喔，公園裡，哪個設施是妳最喜歡玩的？」我隨意問她。

「我最喜歡盪鞦韆。」女兒回答。

「喔～是什麼原因呢？」問她爲何會喜歡的想法。

「我喜歡迎著風的感覺。」

「感覺很舒服囉?!」我核對她的感受。

「對啊，所以，我盪鞦韆，不喜歡刺激的，喜歡慢慢的盪。而且啊，慢慢盪的時候，比較能夠想事情。」女兒說。

「想怎樣的事呢？」她那句話的背後肯定串聯著其他東西，於是我立刻提問。

「想……煩惱的事吧！」

「妳曾經在盪鞦韆上，有想過什麼煩惱的事嗎？」煩惱是感受，其背後通常會連接著想法。

「有啊，之前我覺得我有點容易生氣，而且有些控制不住的時候，就在邊盪時，邊想可以怎麼控制。」

「哇～妳願意思考這樣的事，很不簡單耶，那妳後來有想到什麼辦法呢？」

「我有下定決心要試試用爸爸你建議我的方法來做。」

「喔~難怪妳在情緒的控管上，眞的是越來越棒了。」我想了想，再問：「那次有發生什麼事情，讓妳會想要去思考情緒的控制呢？」我會這麼問，因爲會有下定決心的想法，往往來自於發生過的事件。

「因爲有一次發脾氣讓爸爸難過，然後，其實我很後悔……（狀況描述中）。」

「我記得那一件事。女兒，謝謝妳，因爲後悔讓爸爸難過，而願意去讓自己更好。妳好棒，眞的謝謝妳。」我們停下腳步，給她一個輕輕的擁抱。

透過一個簡單的開頭，順著女兒所講的內容，聽到有可能再往後延伸、往下挖掘的地方展開對話。而所說出來的語句，沒有說教、大道理、指責，只有提問。這些提問，就是串聯每層的連接點，皆是展露出，我想知道：**「你說這句話背後的想法是什麼？」「會產生此感受的原因為何？」「有經歷過哪些事情，讓現在的你有了如此的想法與感受？」**

好奇、客觀與提問的意涵

好奇的客觀提問，顧名思義有三個重點：「好奇」「客觀」「提問」。

好奇

感受是對話的開口，而好奇則是打開每扇門窗（連接點）的鑰匙。由於每個人的經歷與性格不同，腦中的思維與脈絡也不一樣，所以每一次與他人的對話，不會有固定流程與步驟。而好奇的開端，靠的是我們的觀察力與敏感度。

他這次的行為與情緒，是否與平時不同呢？

他講的這句話，是否與先前說過的一致呢？

他有這樣的想法，未曾聽過，是曾經發生過什麼事嗎？

他提及的這個人，是第一次聽到，孩子對他的觀點如何呢？

我問他事情，他的表情突然變了，他在想什麼讓他有了這個表情呢？

像是，如果我觀察到女兒這幾天，有情緒的頻率變多了，或生氣的起伏程度增加了，我就會上前關心與詢問：「妳最近還好嗎？在學校有發生不開心的事嗎？」因爲她是屬於壓抑情緒的類型，容易在學校忍耐，回到家裡釋放。也因爲對她的了解，才有了這些觀察與好奇。

意思是，凡事不要只看到表面行爲，而要好奇行爲的背後與心中有著什麼感受、存在著什麼想法，才使得他呈現現在的模樣？

好奇的觀察力與敏感度

有位媽媽私訊問我，她的兒子是個國中生，在學校跟同學相處時，對方有個舉動，當下很生氣就罵了一句三字經，剛好被老師聽到就被處罰了。媽媽很詫異，因爲她平時很注重孩子在說話方面的管教，問我該如何糾正他罵髒話的行爲？

我看到私訊，心中立刻好奇兩件事：

1孩子說髒話的頻繁度，是在家會隱藏，然後在學校都在講嗎？如果在家裡不講，但是在學校是會講的，那麼，明明知道媽媽很在意的情況下，是什麼原因要講呢？或者，在家跟在校都不會講髒話，單純因為這次太生氣了，才說出口的嗎？

2如果是因為太過於生氣，他這次的情緒跟平時一樣是會突然激動的嗎？還是不一樣，平時的情緒很穩定，只有這次很激動？倘若不一樣，是什麼原因導致的呢？

有了對孩子的觀察以及敏感度，產生了這兩點的好奇，後續的提問，就可以從這兩點往內探索，也能越來越了解孩子爲何會說出髒話的思維脈絡了。知道了原因，才能掌握解法。

所以，要跟孩子有深度的對話，就必須從日常生活的陪伴與互動開始。沒有透過這些了解，對他一無所知，我們要怎麼觀察？又該如何好奇呢？

對於外在行爲的觀察

對話的過程中，也同時可以觀察他的外在行爲，因爲「行爲」與感受、想法是具有關聯性與連動性的，對話的過程中，我們若是有觀察到他的行爲有任何值得注意的地方，也可以做出好奇，因爲，絕對其來有自。

當孩子在對話過程中，突然一個聳肩，兩手一攤地說：「不知道。」我們可以好奇，他是真的不知道，還是其實知道卻不想說？那麼，又是什麼原因不想說呢？

當孩子在對話過程中，他一個輕聲的嘆氣，我們可以好奇，這個嘆氣，是因為累，還是心中產生了情緒？是什麼情緒呢？無奈？煩躁？生氣？

從突然其來的外在行爲，像是，眼眶泛淚、眼神閃爍、翻白眼、不吭一聲、呼吸急促……等，皆能試著連結到他的內心，「你流淚了，可以告訴爸爸，你想到什麼了嗎？」「你一句話都不說，是不想跟爸爸說呢？還是有別的原因嗎？」讓我們更加明白他怎麼了?!

「客觀」與「提問」

客觀，跳脫個人主觀的執念，沒有預設立場，沒有把自己的觀念強加在他人身上，更沒有把質疑、說教、評價與說服包裝在對話裡。

提問，皆為問句，沒有命令句與否定句。而這些提問，都是他可以回答，以及他有能力回答的問題。

這邊示範幾個**錯誤**的提問方式，「你覺得這樣做，對嗎？」「讓老師生氣，你認為這樣好嗎？」這樣的問法，就是把主觀念頭放在問句裡，其實，孩子都知道我們想要聽什麼答案了。

「這個題目這麼簡單，你為什麼不會呢？」「打電動對你的未來有什麼幫助啊？」第一個問題已經預設立場了，第二個問題太遙遠而無感，都是他無法回答或尚未具備能力回答的問題，相信多半都會以「不知道」來做結尾。

「不然咧？」「你說呢？」這些看似是疑問句，卻帶有強大的權威與質問，只會讓孩子備感壓力，然後會爲避免回答錯誤而不回話。

如何客觀的提問？

孩子打開水龍頭，一直流著水。爸媽主觀的想法是，他又在玩水了；而客觀的想法是，他有在做什麼事情，需要這樣流著水呢？

我們可以提問，「孩子，你在做什麼事，需要這樣一直流著水呢？」

我們要求孩子做事情，他回答：「我不要。」主觀的想法是，這點小事都不想幫忙，實在很懶；而客觀的想法是，他是眞的不想呢？還是有事情讓他不能去做呢？

我們可以提問，「發生了什麼事情，讓你回答不要呢？」

在演講時，我常分享這樣的提問概念，把自己想像成是偵探，而孩子所說的話語與行爲，如同線索一般，唯有以客觀的立場來抽絲剝繭，才有挖掘出眞相的機會。如果，總是把自己當成要去教育孩子的爸媽，就會忍不住以主觀的個人評價，開始說教與灌輸觀念，那麼～孩子也就不想回答了，這也是在〈對話的開端〉所說，「減少說教功能的對談」的意義了。

而且，藉由提問的方式，能夠引發孩子思考。他自己想清楚而說出口的答案，才有主動意願去執行，並且願意為此回答負責。

好奇客觀提問的重點

明白了各自的定義，可能還是對於如何提問不知所措。以下整理了，長期與家長和孩子的對話經驗裡，可以試著去思考「該怎麼問」的重點架構。

以孩子當下發生的事情，或向我們說話的那一刻為原點（現在）。有需要的話，可以往前（過去）與往後（未來）延伸。針對這三個時期的他，分別於「心中的想法」「內心的感受」「事件的細節」「與人的互動」「自我的認定」，可做出不同「好奇的客觀提問」。而這些內容，察覺到可能與過往的經驗有關，又可以探究是如

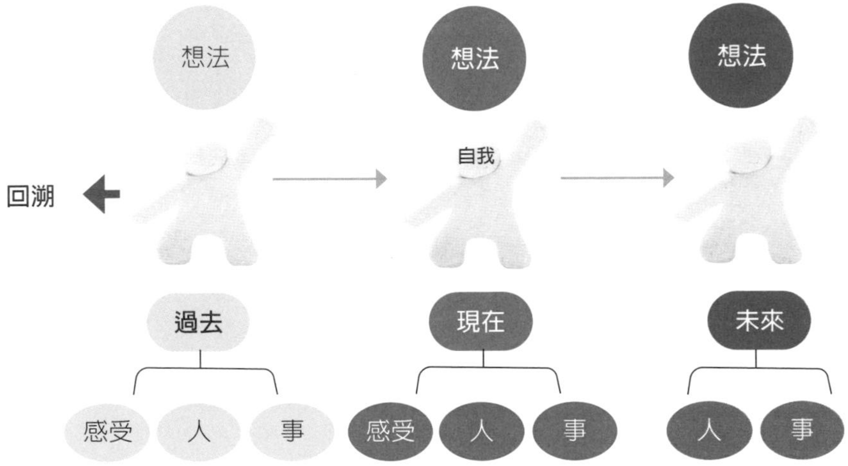

何建立的「回溯過往」。

以孩子回到家說：「媽，我今天因爲上課時插話，被老師處罰抄課文了。」爲例子。孩子跟我們說這件事的時間點爲「現在」，孩子與老師在課堂上發生的爲「過去」，明天孩子要回到教室再次面對老師爲「未來」。我們可以提出以下的問題——

過去

—事件的細節：哪堂課？哪個老師？當時老師說了什麼，讓你想要插話呢？

—心中的想法：是什麼原因，你認為老師上課時可以插話呢？

—內心的感受：被老師處罰時，你的心情還好嗎？

—與人的互動：你認為老師生氣的原因是什麼？你插話時，有期待同學的反應嗎？

現在

—事件的細節：你不想抄課文，但明天要繳，怎麼辦？

—心中的想法：如果再次發生，你還會想做同樣的事嗎？

—內心的感受：跟媽媽抱怨完，你現在還在生氣嗎？有後悔嗎？

—與人的互動：你希望我能怎麼幫你呢？

—自我的認定：你是怎麼看待上課插話的自己呢？

未來

—事件的細節：你覺得下次可以怎麼避免呢？

—心中的想法：你願意試著先舉手再發表嗎？

—與人的互動：你之後發生類似的狀況，希望老師可以怎麼跟你說呢？

回溯過往

—從什麼時候開始，你變得不太喜歡這個老師的啊？（留待後面的章節再做詳細的說明。）

簡單的說，好奇的客觀提問，**是想了解孩子經過了哪些歷程而成為了現在的他，以及他將會如何應對未來的相同事件**。

希望放假的女兒

有天，放學回家的路上，我與女兒閒聊著。

「眞希望禮拜六趕快到。」女兒突然說了這一句。

「妳想要趕快放假嗎？」（好奇現在的想法）我內心是好奇的，因爲她之前不太說這類的話，察覺到這次與以往的不同，而做出提問。

「是啊。」她的臉感覺有點悶悶的。

「妳今天在學校開心嗎？」（好奇過去的感受）猜測可能在學校有事發生。

「還好。」

「有什麼事情讓妳不開心呢？」（好奇過去的事件）

「因爲今天被罰站了三堂下課。」她說的這件事我是知道的。昨天，她與同學在走廊上奔跑，而被老師處罰昨天與今天的每堂下課都只能站在後面，不能出去玩。

「妳昨天也有站啊，怎麼今天感覺特別不開心呢？」（好奇現在的感受）我繼續透過觀察，好奇她的不同處。

「我們罰站的時候，明明外面走廊上也有人在跑，爲什麼老師不處罰她們。」感覺上女兒有些生氣。

「所以，妳覺得他們應該也要被處罰囉？」（好奇過去的想法）

「對。」

「你們有提醒老師嗎？」（好奇過去的事件）

「沒有，但是老師有看到。」

「既然老師有看到，而妳卻是因爲什麼原因沒跟老師說呢？」（好奇過去的想法／與人的互動）

「因爲我不想被同學認爲，我是因爲自己被罰了，想要讓他們跟我一起被處罰。」女兒說。

「妳覺得妳的老師是個公平的人嗎？」（好奇現在的想法）

「是。」女兒點頭說。

「如果老師是公平的人，妳覺得是什麼原因她看到了卻沒處罰？」（好奇過去的想法）

「應該是因爲，他們是第一次吧！」

「第一次的意思是什麼？」（好奇過去的事件）

「老師有說過，前幾次在走廊上跑都會先提醒。但是，第三次又跑，才會被處罰。」女兒回答。

「喔～～所以，妳這次會被處罰，其實是之前已經有被提醒幾次囉?!」（回溯過往）我內心有點在偷笑，因爲這件事我還眞不知道。

「嗯，對。」她倒是很坦承。

「所以，妳已經是第三次了，老師才眞正的處罰妳囉?!」（好奇過去的事件）

「是啊。」

「雖然如此，爸爸知道妳還是因爲被罰站而生氣，對嗎？」（好奇現在的感受）

「嗯。」

「不過，依照老師的處理方式，似乎也算是一致的對待，妳覺得呢？」（好奇現在的想法）

「我就是生氣嘛！」

「好，爸爸知道，妳眞的好生氣。只是，如果妳下次不小心又被處罰了，看到其他同學有在走廊上跑，然後不開心了，怎麼辦呢？」（好奇未來的想法／事件）

「我就回來跟爸爸抱怨囉。」

「沒問題，爸爸隨時歡迎妳來跟我抱怨喔。」我擁抱她，安慰了一下。

從上述的提問過程來看，就能夠得知，「好奇的客觀提問」是在對話過程中，讓我們用來**核對他的想法、關心他的感受、了解事件全貌、拉近彼此連結、引發他的覺知、促進自我理解**。

並不是每一個問題都要問到，而是依照提問當下，透過我們的觀察與敏銳度，從一開頭，在聆聽他的回應時，覺察到串聯後面的連結點，再順勢做出下一個提問即可。

停止繼續提問

提問是對話的基礎，不過，不斷地問問題，被問者需要一直思考，也會有被挖掘的感覺。假設有遇到幾種狀況，無法再繼續問下去，我們要懂得停止，也要學習接受他不想再被問的心情。如果不接受而不斷逼問孩子，要求一定要回答，那麼，內心糾結的人是我們，該放下的也應該是我們。

我們可能會對於孩子不願意被問而感到沮喪與失落，因爲自己是如此努力的在學習更好的溝通。但是，接納對方，才有機會開啓下一次更加順暢的對話。

對方尚未與我們建立良好的信賴關係

我剛領悟到提問的妙用時，總是不斷地想找機會練習。只是，有次對著尚未與我建立信賴關係的孩子提問，卻讓他產生被質問的不好感受，著實有些懊惱。不過，也明白了，即便問者無心，也要不斷地拿捏其分寸，點到即止。

提問式的對話，是建立在雙方的信賴關係之上。

對方有不想再被問的跡象

老實說，一直被問問題，是很煩的，除了大腦要一直轉動，隱私也會不斷的被攤開來檢視。如果對方不想被問，而我們又繼續提問，煩躁感會油然而生。甚至如果有被審問或被分析的負面感受，肯定會加深排斥感。有著不好的談話經驗，可能導致往後的對話會更加困難。

如果我們覺察到，不管是他的眼神、語氣、話語、表情、姿態，有任何不想再被問的跡象，可以提出確認，我會問：「我這樣問你，你想回答嗎？如果不想，也沒有關係，我是可以接受的，我就不再問了。」倘若獲得的是肯定的答案，請馬上停止吧，我們要接受他已經不想再被問的心情。而且，也要記得回：「謝謝你坦承跟我表明你不想說了。」

察覺到自己開始說教了

之前有說到，對話時，節奏要放慢，過程要停頓，目的之一是能夠有緩衝，思考自己說出來的話語。

倘若發現說出口的話已經連續好幾句都在指責、講道理與分析了，或者語氣上開始急促了。表示，不是心中有情緒了，就是還不習慣用客觀的角度來對話。趁著對方還沒有關閉耳朵之前，可以先提出暫停——「爸爸好像又在說教了，不然，我們先休息一下，晚一點再說吧。」

適時的暫停，勝過不恰當的對話。

4. 體會孩子當下的感受

當孩子放學回到家，說了這一句：「英文好無聊喔。」下面兩種不同的回應方式，決定了孩子會跟我們說多少。

回應一：

「英文好無聊喔。」孩子說。

「英文怎麼會無聊，英文很有趣啊。」我們說。

「才沒有咧，而且我最討厭背單字了。」

「如果你現在討厭背單字，英文怎麼會進步呢?!」

「無所謂啊，不進步也沒關係。」

「什麼沒關係，英文是很重要的，將來你長大都需要用到英文。」

「喔。」

「喔什麼？要喜歡英文，單字也要背，知道嗎？」

「知道。」結束對話。

回應二：

「英文好無聊喔。」孩子說。

「是喔，英文好無聊喔？」我們回。

「對啊，超無聊的。」

「你覺得念英文哪裡最無聊呢？」

「背單字。」

「喔～你覺得背單字最無聊啊？怎麼樣的無聊呢？」

「很煩啊。」

「是因為單字很難背，所以覺得煩，是嗎？」

「不是，是因為要花很多時間背。」

「最近英文老師有要求你們要背單字嗎？」

「有啊，今天的功課要我們背超多單字的。」
「所以，你覺得今天會花很多時間背單字囉？」
「對啊！」
「你今天原本有想要幹嘛？」
「我原本想要把一本書看完啊，如果我都在背單字，就根本看不完了。」
「喔，是因為這樣，難怪你會覺得英文無聊了。」
「對啊。」

上對下的回應方式

回應一，爸媽一聽到孩子在抱怨英文無聊，我們內心擔憂、緊張的情緒會被挑起，擔憂孩子討厭英文，未來該怎麼應對世界、緊張他排斥英文怎麼辦？也因爲湧出了這些情緒，話語會不自覺的採用了「上對下」的回應方式，像是，「英文很有趣啊」的說服、「什麼無聊，難道只有電動是有趣的嗎?!」的批評、「你現在不喜歡英文，將來怎麼會有出息呢?!」的講道理。

而說服、批評、講道理，皆呈現出**上位者對下位者的說話姿態，其目的皆是為了要「解決問題」**。如同公司的主管一般，只有我所說的才是對的、你要照著我所告知的方式去做、你所知的一切就是不如我……等的感受。

當有階級的姿態出現時，往往孩子的耳朵也會瞬間閉上了。

我們會想要對他說這些，是因爲擔心與緊張，而擔心與緊張的背後是因爲關心他，但是，這些言語裡，有讓他感受到被關心嗎？

對話，要先關心人

回應二，應答孩子的每句話，沒有上位者對下位者的階級，反倒是把焦點放在「人」的身上，表達出，關心、理解、專注、好奇的平等姿態。而這些感受會讓對方感到安心、放心，認爲你懂我、理解我，願意站在我的角度來看待所討論的事情。呈現出，比起英文對未來的重要性，**我更在乎的是，你在學習英文上遇到了什麼難題**？

上述的舉例，有用到三個技巧：

①順著話來反問

「上課好無聊喔！」→我們順著反問：「上課哪裡無聊呢？」

「阿翰最討厭了。」→我們順著反問：「阿翰是怎麼樣的討厭呢？」

「老師眞的很不公平。」→我們順著反問：「老師有做了什麼事，讓你覺得不公平呢？」

②重複他的話來核對

「是因爲單字很難背，所以覺得煩，是嗎？」

「所以，你覺得今天會花很多時間背單字囉？」

重複他上一句所說的話，加上一點點我們的好奇猜測，並且變成問句的型態，來核對他心中的想法是什麼，**也可以試著說出他的需求來確認**（關於需求，後面篇章有更詳細的說明）。

「老師眞的很不公平。」孩子說。

「老師有做了什麼事，讓你覺得不公平呢？」我們先順著話來反問。

「我跟同學一起講話，但是老師只處罰我。」

「因爲老師只處罰你，沒有處罰同學，讓你覺得不公平，是嗎？」重複他的話來核對想法。

③體會他的感受

能夠讓對方安心地說出內心話，進行著往心靠近的對話，要讓他認定我們是陪同一起面對的，而最好的感受是傳達出「我是懂你」的「理解」話語。

我最常使用的理解話語，有以下這四句話（後方的黑字部分可依個人情況填入感受、想法、舉止）：

「喔～難怪你會**這麼生氣了**。」

「如果我是你，我也會**覺得有些不公平**。」

「聽完你說的，我終於明白你為何會**臭著一張臉走出校門了**。」

「想必你當時一定很**生氣吧**！」

讓事情好轉的是「連結」

有一次，我跟一群朋友外出，其中一位女性友人，要求孩子把口罩戴好，但是，她那五歲的孩子堅持不要。媽媽好說歹說，軟硬兼施，不要就是不要，甚至還說：「我不要妳一直管我。」我覺察到他的行為與話語中，帶著稍稍憤怒感，於是，基於好奇的心態來問——

「小平，怎麼了？感覺你好生氣喔?!」我蹲了下來，表情和緩地開了口。

「對，我很生氣。」他一臉氣嘟嘟的模樣。

「你在氣什麼呢？願意告訴叔叔嗎？」（順著話來反問）

「爲什麼每個人都要一直管我?!」

「小平。」我先停頓一下，再接著問：「你剛剛說『每個人』？你還生氣誰管你呢？」

「媽媽、爸爸，還有阿公和阿嬤。」

「因爲家裡的每個人都在管你，你才這麼生氣，是嗎？」（重複他的話來核對）

「對。很煩。」

「如果每天有好多人在管我很多事，我也會覺得煩的。」（體會他的感受）

「嗯。」

「所以，你聽到媽媽提醒你戴口罩，心裡煩躁了，所以才會這麼生氣地對待媽媽囉？」（重複他的話來核對）

「對。」

「好的，叔叔了解了，謝謝你告訴我。你可以跟我說，你覺得誰最煩呢？」

「阿嬤，剛剛出門，穿衣服都要管，吃飯還要一直唸我，玩玩具也是。」

「哇～一直被唸，心情眞的會煩呢！」（體會他的感受），我繼續問：「媽媽有像阿嬤一樣，一直唸你嗎？」

「沒有。」他似乎比較冷靜，沒有那麼生氣了。

「如果沒有的話，你好像把對阿嬤的氣，出在媽媽身上了耶。」

「嗯……」

「媽媽希望你戴口罩，也是因爲我們要進捷運站，而現在有規定搭捷運都要戴口罩，怎麼辦呢？」

「好吧，我要戴口罩了。」

「小平，謝謝你喔。」

網路上瘋傳一部由休士頓大學社會工作研究所的布芮尼．布朗（Brené Brownn）教授，在演講時的影片〈同理心的力量〉，裡面就詳細陳述了，讓孩子感受到我們是願意懂他的幾個特性：**接受觀點**、**接受他人觀點的能力**、**認同他們的觀點為事實**、**不加評論**，以及**看出他的情緒並嘗試與他交流**。在如此的對話下，孩子才會有被理解、被接納的認知，充分的感受到我們是陪在他身邊，與他一同面對糟糕的事情與心情，他才有可能進而做出改變。

因爲，**真正能讓事情好轉的是「連結」**。

運用三個對話技巧，連結小平的想法與感受，肯定比直接命令「現在給我戴上」、威脅恐嚇「你不戴上口罩，警察會來抓你喔」來得更好。

被連結的感受下展開對話

有位爸爸於演講後的Q＆A，向我提了這個問題：「澤爸，請問一下喔。因爲我們是雙薪家庭，孩子（冠宇，六年級，男生）要上安親班，但是，功課都無法在安親班完成，所以要帶回家，而且有時會寫到晚上十一點。該怎麼讓他如期完成呢？」

由於孩子就坐在旁邊，我徵詢了爸爸與本人的意願，在雙方都同意了之後，開始向孩子提問——

「冠宇，你覺得寫功課怎麼樣啊？」（好奇現在的想法）

「嗯……不知道。」他想了一想，聳聳肩。

「是喔，不知道的意思是……很煩？很討厭？」（順著話來反問）

「嗯……不知道。」依然是聳肩，兩手一攤。

「冠宇，」我試著停頓，眼睛溫和地看著他。「你願意幫澤爸叔叔一個忙，試著想一想，當你要寫功課的時候，你的感覺是什麼呢？」（以感受為出發點）我的語調放慢，不給壓力，提出我需要他的協助。

「很累吧，渾身沒有力氣。」他說。

「準備要寫功課的時候，你有覺得自己的身體都使不上力嗎？」（重複他說的話來核對）。

「對！我都會全身無力。」

「你的身體無力，內心是否有感受到無奈與無力呢？」（以感受為出發點）因爲相由心生，外在往往反映著內在。

「有，很無奈。」他點點頭。

「無奈什麼呢？」（順著話來反問）

「學校的功課都寫完了，為什麼還要做很多其他的東西?!」他的語氣有點無奈與生氣。

「其他的東西，指的是什麼呢？」（順著話來反問／好奇過去的事件）

「我每天還有好多安親班的功課要寫，有數學、英文與作文，都寫不完。」

「原來除了學校的功課之外，還有這麼多要寫啊，所以，才會覺得無奈與無力，然後寫不完，是嗎？」（重複他說的話來核對）

「嗯。」他點點頭。

「如果每天有這麼多東西要學習，是我也會感到累。」（體會他的感受）我接著問：「這些是一定要寫的嗎？還是可以跟安親班討論，是否能減少一些呢？」

「不行，這些功課是爸爸要求安親班的。」他往旁邊看了一下爸爸。

後來，爸爸接話了，他知道這樣課業有點重，每天在家的氣氛也不是很好，但就是因為擔心孩子的未來、擔心他沒有競爭力、擔心他會輸給別人，甚至還說：「為什麼別的孩子都可以，他卻這樣拖拖拉拉？」

從冠宇爸爸的話語中，感受到了焦慮，於是，我問：「你對冠宇的擔心與焦慮，與你的成長經歷有關嗎？」原來，冠宇爸爸在求學與求職的過往，有點不順，也曾經有責怪自己的爸媽，埋怨當時怎麼沒有好好的栽培自己。爲了不重蹈覆轍，於是大力的鞭策冠宇。

之後，我與冠宇爸爸有著簡短的對話，理解他的想法與期待，並問了這一句：「爸爸，你聽到冠宇說出他的無奈與無力，你有感到心疼嗎？」最後，爸爸體會到愛孩子的心，願意與冠宇一起討論，找出中間的平衡點。

上述的對話，我先連結冠宇的內心，雖然一開始都回答「不知道」，除了運用三個對話技巧外，還有停頓、放慢節奏與以感受爲出發點，一步步的打開心房，願意說出可能連他自己都未曾察覺的原因。也因爲他說出了內心的感受，讓爸爸體會到了孩子的眞心，連上親子之間的關係連結，進而願意做出調整。

5. 翻譯孩子內心的話語

與孩子溝通時，他可能會說出，我們不知道該如何應對的回應，像是：「不知道」「可能吧。」「忘記了。」或者只有點頭、搖頭、聳肩……等不知所以然的動作。原因有幾種，有可能是他不想回答，另一種是，他願意回答，但是卻不知道該怎麼說。更簡單的意思，**表達能力尚未能完整的傳達腦中的想法或心裡的感受**。

未能完善表達的主因是，此能力在大腦中尚在建構（年幼或鍛鍊不夠），以及被情緒占滿了整個思維（憤怒、煩躁）。所以，越是年幼的孩子，出現比例越高；越是情緒很滿的孩子（青春期）越是容易發生。

此時的我們，可以依照先前對話的內容、以及對他性格的了解，做出貼近內在需求的猜測來與他確認，是否有符合他腦中的意思，也可以說是重新翻譯他的說法。

簡單的例子，像是在有次花寶的期中考考完，得知有一科是九十八分後，我問她：「怎麼樣？這次的分數滿意嗎？」結果她回答：「還好。」由於九十八分已經是個不錯的成績了，於是，我試著翻譯她的想法：**「還好的意思是，這個分數是不錯，但是，妳覺得應該可以更好的，是嗎？」**她立刻說：「對啊。我本來可以一百分的，有一題看錯題目，扣了兩分，好可惜喔。」

只要翻譯出來有貼近到他內在的需求與想法，孩子往往會滔滔不絕地講更多。

翻譯孩子的想法

有天，上學出門前，女兒因爲找不到東西而著急，開始發脾氣。我們提醒她，動作要加快囉，不然可能會遲到。正在生氣的女兒，絲毫聽不進去，甚至還故意說一些想讓我們動怒的話語——「那我不要上學了。」「我就是要慢慢來。」「遲到就遲到啊，這樣爸爸等一下的事情也會被耽誤。」我當下沒有生氣，只有稍稍提點她一下，先讓她上學再說。

放學後，女兒主動來跟我說早上的事情，大概說完後，我先是擁抱她：「謝謝妳願意主動來找我，爸爸很開心。」然後，我再說：「爸爸明白，妳是因爲著急才說那些話。我們能理解妳的情緒。只是，妳找不到東西，並不是爸媽造成的，所以，你下次有想要生氣時，可以試著好好跟我們講嗎？」

「不知道。」她先想了一下，回了這三個字。

我聽到她說「不知道」，先是愣了一下。不過，心想她應該不是不願意，因爲，如果不願意的話，何必主動來找我呢？我猜測她是有想要改變的，只是對自己沒有信心，不確定是否能做到，以致於不敢應答「好」。於是，我試著翻譯她這句「不知道」的意思。

「**妳回答不知道，是因為妳也不確定是否能做到，是嗎**？」確認她心中的想法。

「嗯。」她看著我，點點頭。

「那麼~妳願意試試看嗎？如果做不到，也沒關係。」我換另一種方式來問。

「願意。」

「你有願意試的心意，爸爸就很開心了。」

針對表達能力尚在建構中的孩子，我們的翻譯，不是隨意猜測。而是依照他的性格、行爲、前幾句話語、前因後果……等，**嘗試有邏輯、有原因的來翻譯**。也因爲是有意義的猜測，尾語還是要加上「是嗎？」「你是這樣想的嗎？」「你的不知道，是這個意思嗎？」來核對他心中的想法是否屬實。

若孩子順著我們的話

翻譯孩子心中的想法，要注意一點：孩子有可能是順著我們的話來回應「是」「對」。也就是，壓根沒有與他的想法做確認，只是隨意地快速回應罷了。目的可能是爲了想趕快結束、聽不懂我們的意思，或擔心說不是會被罵。

避免此現象的發生，可以再加上核對的雙保險。像是剛剛的對話——

「那麼~妳願意試試看嗎？如果做不到，也沒關係。」我問了她這句。

「願意。」她回答。

假設不確定她是否眞的願意，我會用這一句來反問，「**是什麼原因讓妳願意了呢？**」她若有接著說明原因——「因爲我也想要改變」「因爲我不想讓爸爸生氣」，就表示她回答的「願意」是眞心的。如果她有遲疑、又說「不知道」或拒絕回答，可以接著用好奇的客觀提問，探究她眞實的想法是什麼。

翻譯孩子爲何會有情緒的原因

兄妹倆一同坐在沙發上，妹妹整個身體靠在哥哥的腿上，澤澤不舒服，用手把妹妹往外推擠。被推的妹妹生氣了，把頭以反方向的力道，貼著澤澤的手硬是擠回去，如同往對方使力的拔河一般，僵持不下。我在一旁看到了，立刻制止兩人。

我分開了他們兩人，問他們，「怎麼了？你們在幹嘛？」

「沒事！算了。」澤澤嘴上雖是這麼說，但眼神的憤怒可絲毫未減。

「爸爸感覺你在生氣，怎麼卻是說沒事呢？」我問。

「沒什麼。」他先大嘆一口氣，頓了一下，欲言又止的感覺，才說了這句。

聽到這樣的回答，就明白他已經被情緒占滿了整個思維。由於我知道事件的經過，於是，試著猜測他爲何會這樣的原因，再嘗試翻譯「沒什麼」的意思。

「你會說『沒什麼』，是因為感到無奈嗎？明明沒你的事，好好的在看書，是妹妹過來躺在你腿上，你想要她過去一點，但她偏要擠著你，結果，反倒讓爸爸要跟你講話了，是這樣嗎？」

「對啊，都是因爲她……（抱怨中）……」他總算願意講了。

澤澤爲何願意講了呢？因爲我的翻譯裡，帶有「我懂你」的同理與被充分理解。

假設，當他一說「沒什麼」時，我立刻講：「明明就有事，幹嘛說沒什麼，快說喔。」的強迫語氣。此時，他的心中肯定會湧出「你又不懂我，幹嘛講」的心思，於是嘴巴閉得更緊了。

陳志恆諮商心理師所著的《擁抱刺蝟孩子》，面對充斥著情緒而回答「不知道」的孩子，有一句帶著翻譯的提問語句，也很實用。書中提及——

「每當孩子說出『不知道』，我會接著問：『如果你知道的話，那會是什麼？』這樣帶有假設性質的問句，之所以能夠促使孩子多思考一下，多表達一點，是因爲對孩子而言比較不具威脅性，同時傳達出一份『我相信你一定想得到』的期待。」

我懂你怎麼了

翻譯孩子的內心話語，並不只是單純爲了猜測，而是爲了貼近他的內心需求、試著理解他的想法、嘗試傳達出「我懂你怎麼了」的氛圍。所以，我們的姿態、語氣、語調皆要以平和的方式來呈現。特別是，孩子正有情緒的當下。

有次是女兒的期中考，假日時，她有安排複習的進度。不過，都接近中午了，我看她都沒有念書，詢問了一下：「女兒，妳何時要開始複習啊？」她低著頭，做著她的手作，沒有回應，我又問了一遍。此時，她抬起頭來，帶著情緒的語氣說：「你都不信任我。」

我聽到這句話，先停頓了一下，蹲了下來，當著她的面說：「女兒，妳說我不信任妳，是否妳心裡已想好幾點開始了？所以，因爲我詢問太多遍，讓妳有種我不相信妳有安排好的感覺，導致妳有些生氣了，是嗎？」我嘗試著翻譯，連結到她心中的想法與需求，並且姿態是平和的、語氣是溫和的。

「對啊，我已經想好再十分鐘就要去弄了。」她點點頭，開始滔滔不絕地說著自己的讀書計畫。

能夠讓她講出想法的關鍵點，就是我翻譯她說「你都不信任我」的這句話，然而應對姿態的正確，也絕對功不可沒。**平穩的語氣能卸下心防，呼喊小名能拉近距離，停頓能帶來覺知。**

倘若我聽到這句話的反應是大聲反駁：「我哪有不信任妳？」她肯定會回：「你有。」相信接下來只會造成兩方的口舌爭論，無法實現良好的溝通了。

翻譯錯誤的話，怎麼辦？

我們雖然是懂孩子的父母，但畢竟不是他肚子裡的蛔蟲，肯定會有方向想錯的時候。如果我們在翻譯孩子內心話時，翻譯錯誤了，像是他回答了──「我沒有這樣想。」「才不是你說的那樣。」雙方可能會稍稍的不知所措。

我們先試著穩定自身的情緒，然後說：「是喔，爸爸說的沒能表達出你的意思。爸爸會這樣問，也是因爲關心你，想試著理解你。只有一句『不知道』，眞的不明白該怎麼辦。所以，可以試著跟爸爸說說看，你心中的想法嗎？一點點也好。」接著，再慢慢的引導就可以了。

隨著一次又一次的調整，相信翻譯正確的機率，肯定會越來越高。

Chapter 4

破冰——讓孩子願意溝通

孩子不跟爸媽分享了，只是個「果」的表象，而想要找到背後的「因」，需要我們的敏銳觀察。而這個因，往往與想法、感受與過往經驗有關，怎麼挖掘，需要的是良好的對話。

1. 親子不溝通的緣由

有位爸爸在演講過後來找我，他問：「我兒子現在小二，但是，發現他自從上了小一之後，學校的事情很多都不跟我說了。」

「所以，他在幼兒園時，是會跟你說的囉?!」我先確認是否與天生個性有關。

「對啊。他雖然不是滔滔不絕的那種，但是我問了，多少還是會跟我講。」

「現在問他，都是怎麼回你的呢？」

「都是說『不知道』『忘記了』之類的。」

如果孩子之前會與爸媽分享的話，多半與個性較無關係，可能是曾經有事情發生，才讓孩子選擇不願意說了。倘若孩子年幼，與家庭的關聯性較大；邁入青春期後，也要多考量在學校與老師、同學的因素。由於他的兒子剛升小二，心中先猜測這個事件是與家人有關。

我邀請這位爸爸，試著與我角色互換，我擔任爸爸，而他是兒子。如此揣摩，可以知道回去後能怎麼探索兒子不開口的背後因素。

「小傑，你今天在學校還好嗎？」我說。

「不知道。」他模仿兒子小傑的回話方式。

「是喔，小傑。」（我輕聲呼喊，再加上稍稍的停頓）「爸爸最近有覺察到，你似乎比較少與我分享在學校的事情耶，你有發現嗎？」

「嗯……還好吧。」

「還好的意思是，好像有一點，而你沒有發覺，是嗎？」（翻譯內心的話語）

「嗯……好像是這樣。」

「如果你也覺得有一點，可以跟爸爸說是什麼原因嗎？」（好奇現在的想法）

「不知道。」他想了一下，搖搖頭。

「你願意跟爸爸說，當我問你在學校的事情時，你的感受是什麼呢？」（以感受為出發點）

「有點害怕吧。」

「害怕什麼呢？」（順著話來反問）

「害怕被你罵。」

「是喔，你有害怕被爸爸罵啊。」（重複他的話來核對）

「對。」

「爸爸有曾經因為你跟我分享學校的事情而罵你的嗎？」（回溯過往）

這位爸爸一聽到我問這句，他低頭悶著不吭一語，沉默了小段時間，我也沒作聲，讓寧靜環繞一陣，深陷在思緒裡。「謝謝澤爸，我知道了。」他猛然抬頭，看似應該是找到原因——可能是因為曾經被罵過，讓小傑產生了「學校的事，最好不要說」的想法，以及「擔心說了會再被爸爸罵」的感受。當然，這只是模擬的推測，依然要回去與孩子對話才能確認。

拒絕溝通的徵兆

在我的上一本書《世界愈快，對孩子說話要愈慢》裡有提及，孩子漸長，慢慢不願意跟爸媽溝通的原因，是因爲他意識到「我講了也沒用」。而這個沒用的意思，並不是沒有解決到問題，而是原因有三：

①爸媽並沒有真正的把我的話聽進去。說詞上好像在同理我，其實內心裡依然是聽話就好，「媽媽知道你辛苦，不過，你還是要繼續努力啊。」「爸爸明白你不想要，但是，沒有辦法喔，就是要做。」

不然，就是命令照做：「沒有，就是這樣。」「沒得商量，快去弄。」

②總要先達到爸媽的要求，才能以條件交換的方式，來滿足自己需求。「好啊，你先考一百分了，我再考慮。」「你總是這麼不聽話，我幹嘛要答應你。」

③鼓起勇氣說了，換來的卻是被罵、被唸、被說教與被處罰的不好感受。也因爲有體驗過，才明白到「我幹嘛又要講，再次被罵、被唸、被處罰呢？」

這些方式讓親子溝通缺乏了雙向、理解、交流與接納，呈現的是階級、談判與權威。才使得孩子不再主動開口，私下自己想辦法，甚至要到最後火燒屁股，才跟爸媽說。

孩子開始拒絕溝通的徵兆，是「報喜不報憂」，最先出現的年紀大概在小學低、中年級的時期。意思是，在學校發生的好事、平淡無奇的瑣事，會跟爸媽講。而那些，經由過往經驗得知，講了可能也沒用的事情，像是被老師罵、跟同學有糾紛、在學校闖禍了……等，每次想要跟爸媽開口前，腦袋先跳出了預警訊號「講了，還不是要聽他們的。」「說了更煩，又要被他們要求成績了。」「不能說，說了肯定被罵。」於是，想了一想，選擇不講了。

記得，國一的澤澤跟幾位同學曾在學校闖了一點小禍，老師知道後，把他們叫去訓斥了一番，問該怎麼處理。老師講完後，也正好要放學了，在排路隊到校門時，一同被斥責的同學對他說：「過了老師這一關，現在最麻煩的，是回家怎麼跟爸媽說。」澤澤一聽，看著對方，滿臉疑惑，心想：「回去跟爸媽講，又不會怎樣?!」他會有這樣的想法，是透過過往經驗得知，即便是在學校發生不好的事情，我們依然能接納如實的他，於是，任何事都願意說了。

孩子不跟爸媽分享了，只是個「果」的表象，而想要找到背後的「因」，需要我們的敏銳觀察。而這個因，往往與想法、感受與過往經驗有關，怎麼挖掘，需要的是良好的對話。

上層腦與下層腦

小傑會以「不知道」，這樣模擬兩可的方式來回答，就是在〈對話的姿態〉（見087頁）中所提及「逃避」的保護機制。保護什麼呢？當然是保護自己不再被罵囉。爲何有這樣的反應，其實是跟大腦的發展相關。

美國國家認證諮商師留佩萱在《童年會傷人》的著作中，有描述到人的腦有分上層（理智腦）與下層（情緒腦），發展的順序，從下往上慢慢蓋。下層負責人類基本生存功能及情緒；上層的功能是，思考、做決定、情緒調節、道德批判與同理心……等。當情緒失控時，大腦房子會被掀起來，被樓下的「情緒腦」掌控，孩子便無法理性思考、調節情緒。

下層腦很早就蓋完，而上層的理智腦，是在成長過程中，經過鍛鍊才慢慢成熟，甚至要到二十五歲才完全成熟，所以這表示越是年幼的孩子，包含青春期，多半還是以下層的情緒腦來應對。也就是說，父母不能期待孩子像成人一樣成熟處事。

當孩子的大腦感受到危險時，情緒腦被觸發，而此時的理智腦尚在建構中，未具備足夠的應對能力來踩住煞車、奪回主導權，於是，**大腦被情緒腦所掌控著，瞬間進入緊急備戰狀態，而會採取的姿態有「攻擊」、「反抗」、「逃避」**。

小傑的爸爸問道：「你今天在學校還好嗎？」因爲曾經有過被罵的經驗，小傑一聽到這句問話，立刻點燃了危險訊號燈，轉爲開啓情緒腦來應戰，說出「不知道」的逃避語句。

我在模擬時的輕聲呼喊、稍作停頓，還有說出確認與翻譯的語句，目的皆是爲了降低危險感受。當他感到安心、被理解與接納了，危險號燈一熄滅，上層理智腦才會重返主控位置，接下來的對話才能順暢。

上層理智腦的成熟度，不會隨著年齡增長而自動增加，而是要依靠著我們的鍛鍊。**與上層理智腦的對話，就是在鍛鍊理智腦**。理智腦越常使用，能力也會逐漸增加，孩子也更能懂思考、具同理心與減少情緒失控的機會，在下層情緒腦被觸發的同時，可以有能力踩住煞車，奪回大腦的主導權，依然理性應對。這也是爲何要「先處理情緒，再處理事情」的原因。**先回應與安撫情緒來關閉下層腦，再與上層理智腦討論來協助鍛鍊，是為了增加孩子的情緒控管能力。**

同樣的，在孩子有情緒時（下層腦啓動），如果我們的教養方式不小心訓練到他的下層情緒腦，打罵他、威脅與恐嚇他，不斷地觸碰危險訊號燈，下層情緒腦則會越來越強大，上層理智腦卻沒進步。於是，他的情緒應對會越是激動、反抗力道會更大，到了青春期，我們無法用權威與力量來壓制了，可能會難以處理。

自我保護的本能反應

孩子情緒腦的自我保護機制，有哪些行為會嶄露在我們眼前呢？

①不正面回應

1「不知道。」「忘記了。」「可能吧。」……等，模擬兩可，講了等於沒講。

2「我不要。」「我絕對不會做的。」……等，拒絕溝通的回話。

3我們跟他說話，不是不回話，就是做著自己的事，彷彿沒聽到一樣。

4「好、好、好，知道。」表面答應，但轉身之後依然不做的敷衍。

②回嘴、鬥嘴、不耐煩

1「我哪有這樣。」「沒有每次。」「你爲什麼要這樣講我。」「你也有說過。」「是你惹我的。」……等，不斷回嘴與怪東怪西的應答。

2親子雙方之間的對話，彷彿在進行著辯論會，你一言、我一語，兩方各持己見，沒有交集且互不相讓。

3「好啦！」「知道啦！」「煩內～」……等，帶著不耐煩，極度容易惹怒爸媽。如果再加上個翻白眼，更會讓爸媽大罵「你這是什麼態度?!」

③說謊、找藉口與理由

1從一開始的眼神閃爍，到後來的氣定神閒，說謊，越來越自然，我們已經不知道到底該不該相信他了。

2怪東怪西，就是不說自己。千錯萬錯，都是別人的錯。我們一個不注意，很容易被他的理由與藉口給拉走，遠離原本問題的核心。

④直接躲避父母

1找理由不在家裡、晚回家，或者一回家就躲房間。

2無時無刻不拿著手機，家人一起吃飯時，也一直低頭滑著。

3學校有事情，也叫爸媽不要來。

以上的描述，也是希望能夠提醒爸媽，當孩子有這些行爲出現時，他不是故意的，是因爲原始的本能反應、因爲與我們過去相處所產生的不好經驗所致。所以，這是求救訊號，他需要的，是我們的協助，而非責備。

2. 孩子不正面回應

假日，提醒女兒要練鋼琴。

「女兒，已經下午兩點多囉！妳今天要練鋼琴喔。」我問。

「好。」她低著頭，做著自己的事，順勢應答著。

「幾點？」我追問。她沒回應，我靠近一點，再問：「妳覺得妳什麼時候可以去彈呢？」

「不知道耶。」她依然沒有抬頭看我。

「請妳告訴我一個時間。」我帶著堅持的語氣問。

「等我想彈的那個時間。」她悠悠地這樣回答我。

沒想到她會這樣回答我，也讓我頓了一下。

女兒的回答，很明顯是不正面回應，採取的「逃避」姿態。

不正面回應的原因是想法

「不正面回應」是行爲，背後肯定有其想法與情緒，屬於哪一種則需要我們的觀察。假設是有情緒的，從她的表情或回答語句中，多半能嗅到一絲變化，例如，氣嘟嘟的臉孔、兩手交叉放置胸前、每個字皆加上生氣的重音。

而我的女兒，這次沒有情緒的氣息展露於外，所以，我猜測是有想法居多。在想法的層面上（非情緒所導致），孩子會不正面回應的原因很多，最多發生的是：**他認為自己的想法會被我們拒絕**，於是，先以不正面回應的方式來回答。

她會回答「等我想彈的那個時間。」也傳遞著：我知道要彈鋼琴，但是現在不想談論的抗拒。如果我強迫她馬上去彈或給出答案，相信只會適得其反，她的回答肯定是「我不要」。所以，決定先從她爲何會抗拒的想法來切入！

「怎麼了？感覺妳現在沒有想彈，是嗎？」（翻譯她的內心話語）

「嗯～對啊。」

「最近練鋼琴，有哪裡卡住了或覺得困難的地方嗎？」（好奇過去的事件）

「沒有啊！」

「是喔，既然沒有，有什麼原因讓妳不想彈嗎？」（好奇現在的想法）

「因爲我還沒寫完功課。」

「妳想要先寫完功課再彈鋼琴，是嗎？」（重複她說的話來核對）

「是啊。但是，我也不想寫功課。」

「寫功課，有些煩嗎?!」（以感受為出發點）

「還好啦，只是剛考完考試，想要放鬆一下。」

「好啊，當然可以放鬆，不用立刻寫，只是功課還是要交的耶，怎麼辦？」（好奇現在的想法）

「我知道啊，所以還是會寫。」

「妳會寫就好，爸爸只是要提醒妳，因爲妳想要寫完功課再彈鋼琴，所以，寫完功課的時間，也不能太晚。妳能大概跟我說一下妳的計畫嗎？」（好奇未來的想法）

「爸爸，現在幾點？」

「現在是下午兩點三十分。」我看了看時鐘。

「那我……再三十分鐘就去寫。」

「好，寫完功課就立刻彈鋼琴，是嗎？」

「對。」

「謝謝妳跟我說，三十分鐘到了，需要我跟妳講嗎？還是妳會自己看時間呢？」

「我要爸爸跟我講。」

「好的，妳先休息吧！三十分鐘到了，我會跟妳說，而且，一定要開始寫喔。」

「好。」女兒回。

如果孩子不願意正面回應的原因是「想法」，也就是，他覺得自己的想法會被我們拒絕。我們要進行的對話重點，讓他感受到：**我的想法能爸媽被接納**。當他理解到，自己的想法是能被對方接納的，也打破了原先認定會被拒絕的預想，才會願意開啟溝通與討論之門。

敷衍的不正面回應

假設我提醒女兒要彈鋼琴，女兒的回應，不是說「不知道」，而是嘴上說「好」，但是身體完全不動作呢?!這樣的應答方式，稱之爲「敷衍回應」。

敷衍回應，通常會衍生下一個動作，叫作「好好跟他說，不去做。總是要爸媽凶了、吼了，才去做。」會這樣，是因爲孩子習慣了，要以被威脅的方式決定是否動作。

「再不去，我就揍你囉！」「不去做，等一下電視全部取消。」「不回家，你就自己一個人睡在這吧。」「不乖乖坐好，下次再也不帶你出來囉。」

威脅的話語，能讓孩子產生恐懼與害怕的心理，也會讓逃避姿態越來越強烈。「恐懼」與「害怕」的確能快速地讓孩子停止當下的行為，並且願意照著我們所說的去做，但是，並非真心地知道為何要這麼做。其後遺症之一，好好說他都不聽，總要說出那一句或那一個，讓他恐懼與害怕的話與人出現時，他才肯做。因為，他從來都是發自內心的不願意與不明白。

首先，我們要做的是停止恐嚇的對話。然後，當看到女兒在嘴上說「好」，但是身體完全不動時，我們可以上前詢問：「女兒，妳剛剛有回應我一聲『好』，但是並沒有動作，妳可以跟爸爸說原因嗎?!」（好奇現在的想法）

「因爲我現在還不想去。」

「既然妳不想去彈鋼琴，怎麼沒有直接告訴我想法，而是只有說『好』呢？」（好奇現在的想法）

「不知道。」

「妳不知道原因，沒有關係，可以跟爸爸說妳的想法嗎？因爲現在是下午了，爸爸擔心妳太晚彈鋼琴會吵到其他人，所以，最晚是五點，中間的時間都是可討論的，不會要求妳現在一定要去彈。」

討論出結果後，要提醒：「下次妳有想法，請直接跟我討論，而不是只有說聲好，但是都沒動作喔。」

不使用恐嚇話語，透過觀察與詢問，不讓孩子的敷衍成功。我們要做的是，堅持底線、開放討論、接納想法，當他明白為何我們有如此的要求，並且願意摻進他的想法來一起討論。當孩子的需求有被看到，相信往後的敷衍應答會越來越少。

情緒造成的不正面回應

孩子回答「我不要」「絕對不會做的」，通常也會伴隨著很明顯是因爲生氣的表情、舉止。如果是因爲生氣，還算是好應對，只要陪著他把情緒緩和了，下層腦的訊號燈熄滅了，轉換成上層理智腦重新啓動，彼此就能夠好好說話了。此種情況，最重要的還是大人自身的情緒是否能夠穩定。

我曾遇過，因較複雜的情緒所導致的不正面回應——

有位媽媽，帶著他們的女兒，趁著演講結束，走上前來詢問。他們說，女兒（芷彤，小四生）在學校有被同學欺負，不過是從老師得知的，孩子都不說。她曾被同學畫課本、把鉛筆盒丟到垃圾桶裡。爸媽每次問她，她總是回答：「沒事啊、還好啦、忘記了。」爸媽都著急死了，但是，芷彤的神態平淡風輕，彷彿在學校發生的，完全不當一回事。

芷彤的不正面回應，讓我產生了好奇，她似乎在閃避著什麼不願意碰觸的東西。於是，在她媽媽的同意下，我蹲了下來，眼神與她平視，用平和的表情與語氣，開口詢問。

「芷彤，（同樣帶著停頓），妳在學校還好嗎？」

「還好啊。」很標準的不正面回應。

「是喔，爸爸媽媽剛剛提及在學校的事情，有發生嗎？」（好奇過去的事件）

「嗯……可能吧。」不正面回應的應答。

「妳說，『可能吧』的意思，是有發生過，但是妳也沒有記得很清楚，是嗎？」

（翻譯內心的話語）

「嗯。」她點點頭。

「如果是有發生過的，妳記得鉛筆盒有被丟到垃圾桶嗎？」（好奇過去的事件）

「嗯。」

「妳當時有生氣嗎？」（以感受為出發點／好奇過去的感受）

「可能有一點吧。」

「既然心中還是有點生氣，在媽媽面前，怎麼沒有展露出妳的生氣呢？」（好奇過去的想法）

「就覺得沒什麼好氣的啦！」

「明明有點生氣，但卻不跟媽媽講。芷彤，（帶著幾秒鐘的停頓），叔叔問妳，妳的內心是什麼感覺，讓妳選擇把氣給壓下去，然後，跟自己說沒什麼好氣的呢？」（以感受為出發點／好奇過去的感受）

「擔心吧！」她想了一陣子，才說出口。

「擔心什麼呢？」

「擔心……（她安靜了一陣子，我也願意等她）……擔心媽媽又要哭了，也擔心爸爸跟媽媽又要因爲我的事而吵架了。」

「妳有看過媽媽哭？或看到爸爸媽媽吵架嗎？」（回溯過往）

「有。」她的眼淚瞬間潰堤，媽媽在旁邊聽到了，也眼眶泛淚，緊緊擁著女兒。

若面對的是因爲情緒所造成的不正面回應，我們要先找到這個情緒是什麼。從情緒與感受爲出發點來探索，往往就能找到不願意正面回應的原因，開啓後續對話的契機。

3. 孩子回嘴、鬥嘴、不耐煩

回嘴、鬥嘴與不耐煩，肯定是心中有了情緒，可能是生氣、難過或煩躁。「**先處理情緒，再處理事情**」是最重要的處理原則，也就是說，覺察到自己與孩子的對話，總是不斷的你一言我一句，彷彿開啓辯論會一般，請記得，一定要**先暫停對話**。

而暫停對話的方式，不能是被激怒起來的情緒宣洩，而是要適度的情緒表達。

有次，我對澤澤管教的時候，他小小翻了一個白眼，我看到了內心不是很高興，用著比較嚴厲的口吻，但依然平視地看著他，平穩地說：「兒子，或許爸爸剛剛講的話，你聽了不耐煩，只是你翻白眼的眼神，讓我看到了也很不舒服，有種不被尊重的感覺，是很生氣的。如果你現在聽不下去，我們先暫停，反正我也在生氣，可能會說出氣話，所以，等一下再說吧。」對青少年最好的暫停方式，就是離開現場，讓雙方在能夠緩和心情的地方待著。

情緒宣洩的方式，是對他說：「你這什麼態度！再翻一次白眼，給我試試看，給我滾出去。」聽的人是很不好受的。

「情緒表達」與「情緒宣洩」的差異在於，情緒表達是嘗試說出自己的感受，並且會顧慮聽者的感受，而情緒宣洩則是完全不顧周邊人的感受，恣意地把心中的火倒出來，造成傷害也不在乎。

孩子點燃了我們的情緒，但是，情緒是屬於自己的。要怎麼處理它（情緒），我們是可以選擇的。

情緒控管的成熟期，大概是十八到二十五歲，身爲成人的父母，相較於孩子，我們理應是情緒管理比較穩定的一方。我們要展現出以「情緒表達」的處理方式，成爲孩子最棒的一面學習鏡子，這才是眞正愛他們的方式。因爲，他們値得我們用更好的方式來對待。

面對最愛的家人，雙方有了回嘴、鬥嘴或不耐煩的樣貌，我們要做的是，暫停彼此的戰火，說出適度的情緒表達，而非肆意的情緒宣洩，待情緒緩和了之後，再回來溝通。

從情緒探索背後的原因

有位爸爸在工作坊時，與我模擬與他兒子（男生，國一）對話，他說，兒子的回話都很不耐煩，問他話，都是回答：「沒有啦。」「沒事啊！」「就跟你說沒事，幹嘛一直問啦。」甚至偶爾還會「厚」的一聲，再加上一個翻白眼。

我們角色互換，這位爸爸扮演他的兒子，而我扮演他。對話的模擬情境，是兒子的心情好一些了，我敲了敲他的房門，坐在身邊。

「兒子啊。你現在還好嗎？」我以平和與緩慢的語氣說。

「沒事啊。」由爸爸扮演的兒子，情緒比較穩定，願意回答。

「爸爸問你哦，剛剛爸爸剛剛看你的表情怪怪的，想要關心你，但是似乎你不太想回答，怎麼了？可以告訴爸爸，我在問你話的時候，感受是什麼嗎？」（從感受為出發點）

「喔，就很煩啊。」

「煩什麼呢？」（順著話來反問）

「煩，你又要一直問了。」

「了解，所以，爸爸之前會一直問你問題，即使你不想講了，我還是不斷地問，所以，你就開始覺得煩了。是嗎？」（重複他的話來核對）

「嗯。」

「好，謝謝你告訴我。爸爸想讓你知道，我是在關心你，可能關心的方式讓你不舒服了，爸爸之後願意調整。只要你跟我說你不想講了，我就不再問了，好嗎？」

「可以啊。」

「那麼，你下次覺得煩了，可不可以請你試著用爸爸可以接受的方式來說，而不是用翻白眼，好嗎？」

「好。」

「你知道怎麼說嗎？」

「不知道。」

「爸爸可以教你，你願意的話，可以試一試，不願意，也沒關係，好嗎？」

「好。」

「下次，你感覺到自己有點不耐煩了，可以跟我說：『爸，我知道你問我是關心，只是我現在有點聽不下去了，可不可以等一下再說。』只要你跟我說這句話，爸爸就知道要停止了。」

後來，角色換回來後，我還跟這位爸爸講：「如果你兒子真的有說出這句話，請一定要好好地稱讚他。等到心情緩和之後，跟他說：『兒子，謝謝你感覺到有些不耐煩的時候，還願意壓住情緒，向爸爸說出這句話，你超棒的，我好愛你喔。』給他一個正向的回饋。」

如同先前所說的，不耐煩的行爲背後，有其相關聯的情緒，多半都是煩躁。雙方的情緒緩和之後，從煩躁爲出發點來探索，往往就能挖掘到他爲何會這樣的原因，原來是兒子不想講了，但爸爸依然持續追問。得知原因了，沒有說服、沒有否定，只有關心與理解，也願意爲了孩子而調整。如此，讓那個不耐煩的他，擁有了被接納與被包容的感受，相信會開啓下次更好的溝通機會。

回嘴是一種表達

這次是位媽媽來詢問女兒的狀況，說她的女兒小時候都很聽話，只是到了國二之後，滿是情緒，媽媽有時還會擔心說了什麼話，讓女兒生氣。我問有沒有最近發生的狀況能來當作舉例，媽媽就說，幾天前帶女兒買英文參考書，她想挑選比較難的，媽媽認爲她的程度不夠，建議先買簡單一點的，於是有了下面的對話。

「妳決定要買哪一本了嗎？」媽媽問。

「我要買這一本。」女兒選擇好了。

「妳確定要這本？」

「嗯，對啊。」

「媽媽是覺得喔，妳的英文能力還沒這麼厲害，買這個這麼難的，會不會又是買了然後都沒寫，妳要不要先買簡單一點的。」

「妳爲什麼又要管我?!我說過我會看啊。」女兒的語氣開始不好了。

「我知道妳會看，媽媽的意思是，這本太難了，之前也有類似的經驗，寫了幾頁就不寫了，不然從簡單一點的開始，不是比較好嗎？」

「我哪有不寫，明明寫很多好嘛！妳什麼都不知道。」

「我哪裡不知道，之前買的那一本，妳才碰一天，就放在書櫃上了，我每次看到都忍住不說，就看妳什麼時候才會想到。」

「妳幹嘛又進我房間？」

「我只是進去打掃一下，又會怎樣嗎？」媽媽的口氣也不太好了。

「那是我的房間，只要進去就要問我，這是尊重，也是妳們教的啊。」

我請媽媽暫停描述了，因爲後續的對話已經完全走偏，離原本買參考書的話題越來越遠，只是不斷的在言語上的針鋒相對，毫無理性對談了。

媽媽問我，她認爲自己已經是好言好語的在跟女兒講話了，不懂爲何女兒不願意接受，說話都要這麼「衝」。我對於女兒講的一句話，產生了好奇，於是問了媽媽。

「媽媽，我能明白妳的出發點是爲了女兒著想。剛剛妳在描述的時候，女兒講了一句『妳爲什麼又要管我？』，她用了『又』來形容，妳覺得原因是什麼呢？」

「她一直認爲任何事我都要管。」這位媽媽說。

「妳覺得她有需要一直被管嗎？」

「如果她能自己做好決定，我幹嘛管她呢?!」

「妳是怎麼看待自己的女兒呢？」

「嗯……是個不讓人放心的孩子。」

「女兒的這句『妳爲什麼又要管我？』妳認爲是帶著什麼感受在裡面呢？」

「生氣吧。」

「她的生氣，其實是種表達。如果妳願意用正向的角度來看的話，這句話的意思在傳達什麼呢？」

「她應該是在氣我都不信任她吧。」

「妳覺得，女兒希望妳信任她嗎？」

「嗯，希望的。」媽媽低著頭，沉默了一陣。

「女兒有曾經感受到妳對她的信任嗎？」

「很少，幾乎沒有。」這位媽媽沉默了一陣子，才說。

「妳記得自己都是怎麼做的呢？」

「我都是用委婉的方式，不斷地說服她。」

「媽媽，我想替女兒謝謝妳，謝謝妳願意站在她的角度來理解。即便妳有好好說，她依然感受到了話語裡的說服。她的反彈，是因爲她希望成爲一個能讓妳放心的孩子，妳可以放手讓她自己決定嗎？」

「只是，明明知道她所做的決定是不好的，難道我也不能跟她講嗎？」這位媽媽似乎正在糾結中。

「媽媽，妳允許女兒犯錯嗎？」

「我不希望她犯錯。」

「她要怎麼從錯誤中學習到進步呢？」

「澤爸，謝謝你。我懂你的意思了。我該怎麼做呢？」

不管是回嘴、頂嘴、鬥嘴、怪東怪西的行為，其實都在試圖傳達內心的聲音。可惜的是，孩子不懂得如何好好的表達心中的意思，只會隨著情緒起舞，說出讓爸媽聽了火冒三丈的回應，因為都被下層的情緒腦所控制了，反射出攻擊與反抗的行為。

試著正向解讀孩子的行為，或許會有不同角度的思維與收穫喔。

不斷地否認可能與過往經驗有關

最後一種回嘴的狀況，是不斷地否認。像是，媽媽問孩子：「你是在不耐煩嗎？」孩子回：「我沒有不耐煩。」媽媽：「你這樣的說話方式就是在不耐煩。」孩子：「妳很奇怪耶，我就說我沒有了嘛！妳幹嘛要一直說我有。」他回話的語氣、表情與姿態，已經非常明顯地呈現，但是卻不斷地說沒有。如果我們跳開不耐煩的話題，要跟他說話，又一副不想聽的模樣。

先前有提過，一個人願意坦承內心深處的想法，有個條件是「安心」。而孩子會相當激動的矢口否認他的情緒，通常是在過往，他的這個情緒，是不被爸媽所接受的。也因爲不被爸媽所接受，於是，也開始否認這樣的自己。像是有些人很凶地說：「我沒有在生氣，我只是講話比較大聲。」流著淚說：「我不可以哭，我很堅強。」不接受的意思，顯現出來了，然後被罵、被打、被處罰。他知道承認就完了，唯有強力否認才是生存之道。

如果我們發現到孩子有這樣的樣貌，請不要一直指控他「你就是有」，而是要停

頓一下，再點出過往。

「我就說我沒有不耐煩，你幹嘛要一直說我有？」假設孩子很生氣地否認著。

「兒子，」用平穩與緩慢的語調，呼喊他的小名，不再說話，單純停頓且溫和看著他。如果幾秒鐘他沒回應，再輕聲地呼喊他一次「兒子」。

「嗯。幹嘛！」在空氣稍稍凝結的氛圍中，他的情緒可能會比較冷靜下來，然後，做出回應。

「兒子，你說沒有，我聽到了。」停頓幾秒中，再接著說：「媽媽看到你的反應這麼大，非常抗拒的模樣，是不是因爲之前你這樣了，媽媽會凶你？罵你呢？如果有的話，是媽媽的表達方式不好，我願意調整。」

「嗯。」

「我們先不說了，晚一點再聊吧，媽媽會這麼問，是因爲想要多了解你的想法，如果你不想說，可以告訴我原因，都可以討論。如果你有對我是不耐煩的，我也可以接受，再請你試著用我能接受的方式來表達給我聽，好嗎？」

把孩子從過往的經驗之中解套，讓他明白我願意接受你的負面情緒，孩子才會向我們呈現最如實的他。我們要先允許他的煩躁，他才會承認自己是在煩躁的，不再強烈地否認。接著，我們再向他做出好的情緒表達，他明白到自己的說話方式是讓我們不舒服的，進而有改變的契機，彼此一起找到更好的溝通方式。

4. 孩子說謊、找藉口與理由

好幾次的演講，都會被家長們問到「孩子說謊」與「很愛找理由」的問題。首先，我通常都會先問孩子幾歲？因爲，不同年齡層的孩子，內心因素都不盡相同，孩子越大越複雜。

學齡前與低年級的孩子，說謊與找理由的目的，通常都是因爲「恐懼」與「害怕」，擔心講了之後，會不會被懲罰或責備。再大一些，特別是青少年階段，可能會增加了其他複雜的因素，像是，透過過往經驗，已經認知到如果說了實話，即使不會被懲罰，但是依然會一直被唸的「煩躁」；不願意面對自我的失敗，不斷找理由來避免競爭，認爲不參賽不等於我不行的「挫折」；一想到爸媽滿是失望的表情，即便沒有責備與碎唸，還是說謊了的「自責」。這些都是逃避行爲底下的冰山，也是需要我們透過對話來探索的。

這裡指的說謊與找理由爲內容並未眞實闡述，以下皆以說謊來定義。

趨吉避凶的逃避天性

有次，親職成長課程的工作坊，我們討論到：當孩子（國高中生）與同學外出，晚回家卻沒有聯繫，打電話或傳訊息都沒回，該怎麼跟他講呢？

正巧，當場有位二十歲上下的女性工作人員，似乎很了解青少年的回應方式（她說自己以前就是這樣跟爸媽回話的），我問如果是當時的她會怎麼回應呢？她說以前跟爸媽的對話都是這樣。

一回到家，剛打開門。

「爲什麼這麼晚回來？」爸爸先帶著質問的語氣。

「忘記時間了。」她一副不在意的模樣。

「什麼忘記時間！妳自己看，我打給妳幾通了？」

「很多通。」她掏出手機。

「爲什麼不接也不回？」還是質問。

「我在忙啊，就沒注意到。」

「是有多忙，還沒注意，這麼多通的鈴聲都沒有聽到嗎？」

「我關無聲，所以沒聽到。」

「你不要騙我們喔。」

「奇怪耶，我幹嘛騙你啦。」

「妳都不會想到我們會擔心嗎？」

「又沒什麼事，幹嘛擔心啦。」

「這幾個禮拜都不准出門，看妳以後會不會注意。」用處罰來結束這回合。

「吼～爲什麼啦！」滿是氣憤的模樣。她說謊與找理由的原因，應該是屬於煩躁，清楚知道說了實話後，會被罵得更慘。

其實，**說謊就是一種趨吉避凶的求生本能。每個人遇到可能危及自己的事情時，都會用說謊來試圖逃避**。只是，當說謊的人是我們的孩子時，內心會多了一層的擔憂與焦慮，於是開始不知所措的焦躁，甚至會轉爲生氣，施以處罰來當作警惕。誰知，越是處罰越是觸發了他的逃避天性，告訴自己下一次說謊，要更加完善才行。

倘若孩子可能說謊或瞎講理由了，我們有幾個方法可以去做做看。

①具備敏感度的爸媽

說謊的原因多半來自於內心因素，而這個內心因素可從孩子的外在行爲看出一些蛛絲馬跡。像是，心情悶悶的、說話時眼神閃爍、遇到關鍵問題就轉移焦點等。

當發現這些外顯的痕跡時，絕不可忽略，而要多加留意並且賦予關心。

②心平氣和不質問

「如果你說謊被我發現，你就完蛋了。」「妳再亂扯嘛！不要被我抓到把柄喔。」越是質問，孩子會越緊張與害怕，於是，更加堅定他要繼續騙下去的決心。

唯有心平氣和地應對，試著眼睛與他平視，降低孩子的恐懼感。當心防卸下了，內心的想法也比較願意說了。

③降低說謊帶來的好處

在《賽局教養法》一書說道：「斷絕孩子說謊的方法，其中之一就是：降低說謊的好處。」

例如：假設孩子爲了想要看電視而說謊已經看完我們要求的書籍了，我們內心有著敏感度，覺得怎麼會看這麼快，而降低說謊好處的方法，不管他怎麼說，就是不能讓他更快看到電視，繼續要求他去做別的事或再看其他的書。

讓他因爲謊稱看完而能夠快點看到電視的誘因消除掉，之後也就沒有必要說謊了。當然，不能夠拿看電視與孩子做閱讀的交換條件，這招才能成立喔。

另外一個降低說謊好處的方法，就是「增加說謊成本」——詢問細節，透過問問題，讓孩子發現要費更多的心力說另一個謊去包裝一開始的謊，好累又好煩喔，感受到說謊的代價是很沉重的。

④增加誠實的益處

我們要先了解孩子說謊背後的內心因素，用方法降低此因素所造成的防禦心態，使孩子卸下心防，再對症下藥，最後告知只要誠實就可以降低懲罰或給予獎賞，都是讓孩子未來知道誠實比說謊更好的目的。

給予獎賞，不一定是要鼓勵他或買東西給他。沒有處罰，有時也是獎賞的一種。而降低懲罰，則是可以跟孩子討論，例如，原本的處罰是不能看電視，因爲誠實，可以變成看十分鐘電視（通常是三十分鐘，降低了時間也算處罰）。

⑤給予關心與信任

坦承了，一起去面對他原本犯錯的事情，共同想辦法該如何負起責任，雙方討論有沒有更好的辦法。讓孩子感受到「爸媽是陪著我去面對的」的感受，如此，往後遇到相同事情時，恐懼、緊張、害怕感才會越來越減少，甚至消失喔。

坦承了，也要跟孩子說說話，稱讚與鼓勵一下，也要跟孩子說，爸爸媽媽還是好愛你，我們是在教你，而非不愛你，我們相信你下次不管多害怕都會誠實。最後，請給孩子一個大大的擁抱吧。

關心與信任的對話

接著，我用上述五個要點的溝通方式來試試看，來與剛剛的女性工作人員對話，邀請她來扮演孩子，來跟我（爸爸）對話。

同樣的，她一回到家，剛打開門。

「孩子啊，發生了什麼事，今天比較晚回來啊？」（心平氣和）我說。

「喔～就忘記時間了。」孩子說。

「妳跟朋友在做什麼？忙到忘記時間了啊？」（詢問細節）

「我們都在聊天啊，聊到沒有注意。」

「都在聊天啊，妳們在聊什麼呢？」（詢問細節）

「嗯，沒有啊，就亂聊啊，怎麼了？」

「喔，爸爸給妳打了很多通，還有傳訊息。有看到嗎？」（詢問細節）

「嗯，有。」

「看到爸爸的電話，還有訊息時，發生了什麼事情，讓妳看到了卻沒有理會呢？」（詢問細節／繼續平和且客觀的好奇提問，不讓她走，以降低説謊的好處）

「嗯，就不想回。」

「了解，謝謝妳坦誠地跟我說（誠實了，給予稱讚）。沒事啦，爸爸只是想要跟妳講，我剛剛很擔心妳。擔心妳到了該回家的時間，卻還沒有回來，不知道有沒有發生什麼事情。」（不處罰以增加誠實的益處）

「喔，好。我知道了。」感覺到她的防備心卸下了。

「爸爸想再問妳，妳說看到了我的來電卻不想回，是因爲覺得煩嗎？」（以感受為出發點）我想了解她看到了訊息卻不想回的原因。

「嗯。」她點點頭。

「煩什麼呢？」（順著她的話來反問）

「想到又要被你罵了。」

「爸爸之前有因爲同樣的事情罵妳嗎？」（回溯過往）

「有。」

「當時很難過嗎？」（好奇過往的感受）

「嗯。」她點點頭，眼眶泛淚，這位工作人員應該是想到了自己的過往。

「爸爸跟妳道歉，之前因爲晚回來而罵了妳。讓妳沒有感受到我的擔心，只有記得了我的責備。爸爸現在不會了。妳願意原諒爸爸嗎？」（增加誠實的益處／降低防禦心態）我與她的過去和解，同時，減少她爲了擔心被罵所產生的煩躁感，期許未來不再說謊。

「嗯，好。」

「謝謝妳原諒爸爸。妳之後晚回來了，看到來電，請打個電話給我，不能打，傳訊息也行。讓爸爸安心。太晚了，爲免危險，爸爸去接妳。可以嗎？」（給予關心與信任）

「可以。」她點點頭。

孩子會說謊或找理由，原因可能有很多，我們若是用質問、批評、說教與處罰的方式來應對，只會觸發他的下層腦，強化逃避的本能，推他離我們越來越遠，因爲，他只有感受到我們的怒氣，並沒有感受到我們的關心。

唯有愛與信任，減少恐懼與害怕……等感受，才能真正的降低他想要說謊的意願，願意坦承內心的真實想法。

5. 孩子躲避爸媽

先前有一場小型分享會，有一位大約三十歲左右的女性，外表精明幹練，向我述說著她跟爸媽的相處。她說：「我覺得我爸媽很偉大，不管我在哪，在外地旅遊、國外念書，都會想辦法打電話給我。」我聽到這句話，心中不經泛起好奇之意。

「爸媽打電話給妳，妳用的詞不是貼心、很疼我，而是用『偉大』二字。妳跟妳爸媽相處得如何呢？」我問。

「嗯……就這樣囉。」她聳了聳肩。

「妳平常跟爸媽相處時，感覺是什麼？」（以感受為出發點）

「無奈吧！」她想了一下，說出自己的感受。

「無奈什麼呢？」（順著反話來問／好奇現在的感受）

「因爲，我目前在他們的公司上班，每天都必須要跟他們見面。」

「妳不想？」（好奇現在的想法）

「工作的時候還好。下班了，就希望他們不要再一直打給我。」

「妳不希望在私下跟爸媽有過多的聯繫嗎？」（重複她的話來核對／好奇現在的與人互動）

「基本的可以，像是逢年過節啊，慶生啊。」

「妳覺得爸媽會一直打給妳，是希望在你們之間的關係上，有什麼期待嗎？」（好奇現在的與人互動）

「嗯，我知道他們會想盡辦法打電話給我、找我、跟我講話，是為了要彌補之前發生的事。」

「爸媽的舉動，妳願意接受嗎？」（好奇現在的想法）

「不。」她搖搖頭，繼續說：「我已經跟他們講得很明白，我是個獨立的個體，希望他們可以懂得尊重我，彼此保持一點距離。」

「這句話，妳是什麼時候跟爸媽說的呢？」（回溯過往）

「嗯……國中的時候。」

「你們當時，應該發生了很大的衝突吧。」（好奇過往的事件）

「……唉……別說了。」她應該想到當年的情節了，於是，我也暫停了問話，因爲明白多問到過往的細節，也只會引發她在現場的潰堤。

很難想像，一個年幼的孩子，滿心期盼爸媽可以愛他、關心他、照顧他，每天最期待的就是爸媽可以陪他玩。在成長的歷程中，親子之間發生了什麼衝突、哪些事情，或是彼此在盛怒之下說出了多麼傷人的話語，才會導致一個孩子，長大了之後，會希望與爸媽保持距離?!

親子關係的疏離

澤澤有天跟我說，他班上有幾個同學，每到假日，近中午就出門，一起到處晃啊晃，找公園坐著、圖書館待著、百貨公司逛著，瞎扯打屁、打打手遊。澤澤問：「爸媽不會管喔？」同學說：「我只要十點前回到家就好啦，幹嘛待在家，在家多無聊啊，他們很忙，不是工作，就是照顧弟妹，根本不理我。」我心想，他眞的有如此灑脫嗎？還是內心依然有著很大的期望，期望爸媽可以關注我呢？或許，越大的期望，帶來越沉重的失望，必須武裝出無所謂與瀟灑的模樣，來掩蓋心中的失落。

當孩子不再期待爸媽，甚至保持距離、躲避爸媽、拒絕溝通，也表示親子之間的關係連結，已經有相當程度的疏離與淡薄了。不再需要依賴爸媽的青春期年紀，有幾個外在行爲特徵，表示親子間的關係，到了警訊的程度。像是：相聚在一起，也都在滑手機、在家裡，都窩在房間不出來、找孩子說話，敷衍了兩句就想趕快離開、寧願待在家裡，也不想跟爸媽外出、找理由出門，回家時間越來越晚……等。

我們現在怎麼對待孩子，將建構出他未來對我們的樣子。羅馬不是一天造成的，關係的疏離，是漸進式的，多半與年幼時的內心需求有關。孩子希望我們能陪伴他、聆聽他說話、理解他、肯定他、關注他，也渴望自己能被爸媽認同，在爸媽心中是個有價值的孩子，能被爸媽全然的接納。可惜的是，我們因爲忙碌、情緒失控、錯誤的溝通，導致缺乏陪伴、滿是指責與碎唸、要求聽話未能理解、只有批評而沒有稱讚。每每都讓他在渴望中不斷地感到挫敗，於是，漸漸地從失望、到失落、最後沮喪到放棄擁有希望。

重新連結的親子關係

曉惠是我學長的女兒，學長對這個高二的女兒很頭疼，他跟我說曉惠天天找理由晚回家，一回到家就窩在房間裡，即使在客廳、餐廳等的公共空間，也是手機滑個不停，根本把爸媽當隱形人。學長說罵也罵了、唸也唸了，根本管不了，先前還能用零用錢來控制，但還是越來越失控。

學長希望我能跟他女兒聊聊，但是我要求必須徵求曉惠的同意，並且告知學長，這並非諮商，只是單純的聊天談話，看看能不能挖掘出背後的原因。

在曉惠的同意下，學長也在一旁陪同，我們進行了對話：

「曉惠，妳好啊。」

「嗯。」她翹著二郎腿，視線東晃西晃，飄向別處。學長在一旁叮嚀：「坐好，一個女孩子怎麼這麼沒有坐相，澤爸，不好意思喔。」我向滿臉尷尬的學長示意，表示沒有關係，也請學長等一下都盡量不用開口。

「曉惠，感覺上，妳似乎並沒有那麼想來，是嗎？」我帶著和善的面孔，語氣平穩地問她。

「嗯。」她微微點了頭，一副希望我趕快講一講就結束的姿態。

「謝謝妳回應我。既然妳不想來，但又怎麼會願意坐在這呢？」

「他囉。」曉惠往爸爸的方向瞄了一眼。

「看起來是爸爸要求妳過來的囉。」

「嗯！」一副不然她怎麼可能會來的樣子。

「爸爸平時要求的事情，如果妳是不願意的，還是會去做嗎？」

「不會啊。」

「那怎麼這次不一樣呢？」我好奇她的動機。

「不知道。」她這句話想了一下，也讓我看到的契機。

「曉惠，（稍作停頓，讓她直視我），叔叔要替爸爸謝謝妳，為了跟爸爸的關係，願意過來，也願意坐在這邊，妳真的很不簡單。」我刻意放緩講話的節奏。

「嗯。」她雖然還是短暫的回應，但是從神情中有感到一絲絲的不同。

「爸爸說妳都很晚回家，有嗎？」

「有吧！」她的表情依然毫不在意的模樣。

「妳願意跟叔叔說，妳在外面都在做什麼事呢？」

「也沒什麼事，跟同學瞎扯吧。」

「是喔，所以，妳寧願在外跟同學聊到很晚，也不想要回家囉？」

「對啊。」

「家，對妳而言是什麼？」我這麼問，是因爲感覺到她有點刻意跟家保持距離。

「沒有想法。」她回答這句話的語氣相當的冷淡。

「妳認爲，妳屬於這個家的一份子嗎？」我問了這句。曉惠先稍稍沉默了一下，突然開始低頭哽咽，眼眶些微泛淚，我等了她一下子，只見曉惠輕輕地搖搖頭，應該是在表達「不屬於」的意思吧。我再問：「從什麼時候開始有這個想法的啊？」再等了一小段時間，只聽她小小聲地回：「國中的時候吧。」

「發生了什麼事，讓妳產生了這個想法呢？」

「我覺得他們只愛妹妹。」

「爸爸媽媽做了什麼事？讓妳覺得他們只愛妹妹呢？」

「妹妹跟我差了很多歲，從很小的時候，爸媽都一直要我讓她，而且也因爲照顧妹妹，根本沒有陪我。」我瞄到學長很想解釋，但示意他不要出聲。她邊哭邊激動地繼續說：「在爸媽心中，好像妹妹永遠是最棒的，而我永遠都是最糟糕的，爲什麼要拿她跟我比。對，她是比較乖、功課又好，我就是爛，什麼都不行，又一直闖禍。」

「謝謝妳跟我說這些，感覺到妳的內心有著許多的埋怨。妳指的國中有發生了什麼事嗎？」

「爸爸媽媽有事要忙，要我陪著妹妹，結果一個沒留意，她受傷了。妹妹她大哭，爸爸立刻衝了進來，就對著我罵，說我沒有盡到姊姊的責任，但是我很生氣。」

「妳當時的生氣，是因爲委屈嗎？」

「對，我一直在解釋，但爸爸就是聽不進去，認爲我在頂嘴，然後……然後……爸爸就對我大吼『滾～妳給我出去』。」

「妳聽到了，一定感受到非常的難過，因爲，妳也不想讓這件事情發生的。」我再停頓了一下，緩緩地深吸了一口氣，問道：「當時聽到這句話的時候，妳的想法是什麼呢？」

「我覺得我是不是他親生的孩子？還是，我根本不應該出現在這個家裡。」我接著望向學長，說：「學長，你還記得這件事嗎？」

「那……只是一時的氣話。」學長也是流著眼淚，滿臉自責地看著曉惠。

後來，我謝謝曉惠願意吐露心事，也跟學長提點了幾個回去後要做的步驟：

1誠摯地跟孩子和解，不要辯解，特別對於她在意的那句話。

2減少批評、指責與碎唸等的負向溝通。

3增進彼此的相處機會，每天多一點點即可，找尋雙方都有興趣的事情來提升互動。

4相處時，多多天南地北的亂聊，分享最近發生的有趣事情，避免說教言論。

5試著對孩子講出她的好與感謝，再微小的事情都可以，從一個開始再逐漸增加。

6只要在關係上，兩人有稍稍的進步，請給予稱讚，並且說出內心的正向感受。

一個寧願待在外面，不想回家的孩子，通常來自於內心對於這個家的「歸屬感」的喪失。他渴望是這個家的一份子，但卻認爲我不屬於這個家，這種矛盾與衝突，也產生了許多行爲上的反叛。對於孩子而言，都想要獲得爸媽的關注，如果沒有正向的關注，負向的關注也是可以接受，只要你願意看我一眼就好。追根究柢，**躲避爸媽的孩子，是在追尋被愛的過程中，迷失了方向，但又不知該如何問路，於是越走越遠，但又不斷回頭。**

親子之間造成關係疏離的原因很多，肯定是經由長時間，日積月累的衝突所累積與堆疊起來的。雙方沒有在事後談一談或開誠布公的聊開，似乎沒再生氣，就代表應該沒事一般過著日子。其實不然，**負面情緒就像是火山岩漿一樣，何時會囤積到爆發的程度，是不可預期的**。只是，不懂得眞實表達自我的孩子，情緒爆發了，也只是導致更大、更激烈的衝突罷了，往往會讓彼此的裂痕更加地難以挽回。

想再聯繫親子關係，必須靠著重新相處再一點一滴的慢慢拉回來，積沙成塔。疏離花了多久時間，拉回也可能要花同樣的時間，千萬急不得。需要的，是先讓孩子願意待在我們身旁、願意向我們開口、願意聆聽我們說話，有了事件連結的起頭，再慢慢往頭腦與內心連結的深度走吧。

Chapter 5

讓孩子表達

高品質的對話，如同一場乒乓球，要有來有往。而好的對話，是孩子願意正向的表達自我，包含了自己的感受與想法，沒有帶刺與攻擊詞彙。要能讓孩子表達，是需要透過練習的，而這些練習，需要我們平時的引導。

1. 太陽般的溫度

北風與太陽的故事，相信大家應該有聽過吧。一位旅行中的人走到路上，北風與太陽打賭，看誰能把他正穿著的外套給脫去。北風首先嘗試，「呼～呼～呼。」大口死命地吹啊，只見那旅人把外套越勒越緊，越走越遠，甚至找地方來躲避刺骨的北風。換太陽來試，當寒冷的北風一停歇，陽光綻放，釋放出舒適的溫度，旅人從躲避的地方走了出來，緩緩地把外套脫下，並主動迎向太陽。

如果，旅行中的人是「孩子」，那件外套，是爲了不讓自己受到傷害的保護層。而爸媽不同的對待方式，則呈現出北風或太陽。被北風狂吹的感受是痛苦、難受、氣憤，保護層不斷添厚，對爸媽皆呈現出反抗模樣；被太陽照射的感受是溫暖、安心、自在，保護層自動退去，對爸媽展現出最眞實的自己。

我常在演講中示範這個例子。剛爭執完的親子雙方，冷靜過後，爸爸先來關心女兒，並想把剛剛的事情再談一下。爸爸敲敲門，問道：「妳還好嗎？爸爸不氣了，我們再來談一談吧。」此時，女兒撇了一眼，冷冷地回：「我還是生氣，我不要談。」

此時如果爸爸像北風，會開始吹起狂風暴雨，怒吼說：「說什麼東西，給我站起來。妳怎麼這麼愛生氣啊，我是妳爸，這是什麼態度，什麼說話方式，到底是誰教的啊，怎麼可以這麼沒有家教啊，實在是有夠討人厭的。」說完，用力甩門。

而如果爸爸像太陽，當然會有情緒的波動，但是選擇用「有溫度」的方式，說出適度的情緒表達：「女兒，爸爸不知道是什麼原因讓妳還在氣，如果可以的話，希望等一下可以跟爸爸說。爸爸會過來，是想要關心妳，因為剛剛我們在爭執的時候，有些話似乎說的有點重，爸爸也有些懊惱。而且，事情也還沒有講完，爸爸希望等一下我們可以用比較平和的方式來討論，好嗎？如果妳現在還在氣，再等一下吧，晚點我再來找妳喔。」說完，把門闔上。

如果你是女兒，會希望自己的爸爸用哪種方式來對待呢？不同的應對，會改變外套（保護層）的件數與厚度，以及孩子選擇靠近或遠離。北風的對待方式，會把孩子越推越遠，在爸媽面前選擇隱藏，親子關係逐漸疏離及冷漠；而太陽的對待方式，是把孩子越拉越近，雙方坦然相處，親子關係更加緊密。

當親子之間的對話有了起頭，希望能繼續的往內探索，挖掘出孩子心中更多的想法。我們不能成為北風，而是要像太陽一般的給予溫度。

給予孩子溫度

想像一下，一個正在淋雨中的人，會希望有人向他再潑一桶水呢？還是靜靜地走到身旁，替他撐起了雨傘？

有一陣子，花寶感覺情緒有些起伏，很容易生氣，好好跟她講，得到的回應往往只有「我不要」的無端反抗。雖然在我的堅持下，要求她做的事情，她還是會做，只是我並不知道她爲何心情起伏不定。

「女兒！」我趁著早晨上學前的空檔，坐在她身旁輕聲地呼喊。

「嗯。」她應了一聲。

「妳最近還好嗎？」我關心她。

「怎麼了？」

「爸爸覺得，妳這兩天有點容易生氣，而且我們跟妳說什麼話，妳明明知道是好的，但卻有很大的反應。所以，爸爸想關心妳而已。妳有發現自己這樣嗎？」（好奇現在對自我的認定）

「有。」她想了想，點點頭。

「有的話，妳知道妳怎麼了嗎？」（好奇現在對自我的認定）

「我……知道也不知道。」她回答得很玄。

「什麼意思？爸爸不太懂。」（好奇現在的想法）

「就……知道也不知道。」

「妳知道什麼？願意跟爸爸說嗎？」（順著話來反問）

「知道我最近有像你說的這樣，心情有點不好。」

「不知道什麼呢？」（順著話來反問）

「不知道我爲什麼會這樣。」

「了解，謝謝妳告訴我。」我頓了一下，繼續說：「爸爸只是想讓妳知道，我們很關心妳，不管妳是在學校或家裡，因爲老師、同學或功課，有任何不開心的事、有壓力了，只要想到，歡迎跟爸爸說，我一定會聽，而且願意陪著妳去面對妳所煩惱的事，好嗎？」

「好。」她點點頭。

「走吧！我們上學去囉。」

「淋雨」是一種外在狀態，而內在狀態，可以說是心情上的低落，特別是負面情緒環繞的時候，此時，負面思維會源源不絕，如同烏雲密布一般，在心靈上下了一場大雨般的難受，嚴重的話，如同陷入一個黑洞幽谷，周遭暗無天日，無助的感覺籠罩全身。

淋雨時，一把傘遞了上來；深洞裡，一雙準備要拉你的手伸了過來，就是提供了內心能量源源不絕的溫度。這把傘、這雙手，也可以在平時的觀察中，用話語的方式來呈現。關心、慰問、安撫、是太陽所照射出來的光芒、感受到被疼愛的溫度，也是開啓後續更多對話的關鍵。**溫度，不是為了解決問題，更不是為了教導，是為了連結對方，產生無可取代的羈絆。**

關心心情要遠大於教導

澤澤小六時，有次與我在回家的路上，他跟我說：「爸，我今天在學校被老師罵了。」詢問了過程，原來是他跟另一位同學，下課時，做了有危險性的玩笑。老師知道了，把他們叫了過去，當著全班的面痛罵，並且處罰寫課文，以及不能下課。

「被老師當著全班罵，你現在心情還好嗎？」（好奇現在的感受）我聽完的第一句話，是關心他。

「還好啦。」

「還好的意思是，還是有一點難過囉？」（重複他的話來核對）

「嗯。」他點點頭。

「來，過來！爸爸抱一個。」我們停下腳步，給予他一個擁抱。

「謝謝爸爸。」

「你有生老師的氣嗎？」（好奇現在的感受）

「有一點。」

「你是氣老師罵你？還是處罰你呢？」（好奇現在的感受）

「都不是，我也知道做得不對，是應該被罵的。」

「那你在氣老師什麼呢？」（好奇現在的想法）

「氣她在全班面前罵我們。」

「你覺得私下講就好了，沒必要當著全班這麼多人的面，是嗎？」（重複他的話來核對）

「對。」

「好啦！既然老師有講過、也處罰過了，你自己也知道不對了，爸爸就不多說了。」我再摟了他一下，繼續說：「不過，這件事情，老師沒有說，其實我也不會知道，你怎麼會想要跟我說呢？」（好奇現在的想法）

「就覺得什麼事情都應該要跟爸爸講一下。」

「兒子，這件事情，你可能會擔心跟我講了，會被我唸，但還是願意鼓起勇氣告訴我。兒子，我好開心喔，謝謝你願意把這件不是很開心的事情跟我說。」

在話語中，沒有說教與建議，所呈現的溫度，是賦予心情上的關心與鼓起勇氣的肯定。同時，也釋放出我是無條件地接納你的所有面向，無論在學校表現的好與不好，我都是愛你的訊息。

教導，通常是爲了解決問題，希望他不要再犯。可是，我認爲，他既然已經被處罰過了，也明白自己的錯誤，不需要我再多一個處罰，最多叮嚀即可。況且，我更在乎的，是他下一次發生類似的狀況，依然會跟我講。而充滿溫度的力量，彼此凝聚的關係，是還願意再說的主因。

孩子在外頭，有夠多的北風在等著他了，家裡，不需要再多一個。他需要的，是擔任太陽的我們，適時地透過言語給予溫度。讓他知道，無論是刮風下雨、深陷黑洞，放心~我們永遠都在。

2. 鼓勵孩子表達自我

高品質的對話，如同一場乒乓球，要有來有往。過程沒有殺球，也不會刻意地吊球，會在意對方的站位與角度，會顧慮他人能不能承受這球的力道，打出不斷來回的有效溝通。

有意識的爸媽，會參加講座、工作坊，參閱書籍與文章來精進自己，提升溝通的能力。不過，孩子不會主動做這些事情。自主意識仍高、衝動大於理智的孩子，在情緒起來後，下層的情緒腦開啓，對話時，不斷地亂殺球、摔球拍、放棄不打了，眞的很難跟爸媽好好說，甚至會說出故意惹怒我們的話語。

好的對話，是孩子願意正向的表達自我，包含了自己的感受與想法，沒有帶刺與攻擊詞彙。要能讓孩子表達，是需要練習的，而這些練習，靠的是我們平時的引導。

你願意聽嗎？

有次演講完後，我正在跟某位家長談話時，眼睛瞄到旁邊有一位媽媽帶著女兒在等我。我原本以爲是女兒陪媽媽在等，結果發現是女兒要問我問題。貌似因爲等太久，媽媽有要離開的舉動，是女兒把媽媽拉回來，堅持等我。

「妳好，什麼事呢？」結束上一個對談，我轉頭詢問。

「澤爸，你好。是我女兒想要來問你問題。」媽媽如此說了，我心想果眞如此，但也更令我感到好奇，這女孩的問題是什麼呢?!

「是她在安親班的事情，有同學希望我女兒把她心愛的筆給她。如果不給，她同學說不跟我女兒當好朋友了，我女兒說不知道該怎麼辦。所以，想要來請教澤爸。」媽媽代爲發問。

「妳會擔心她眞的不跟妳當朋友，會嗎？」（以感受為出發點）我彎下腰來，視線平視著她。

「嗯。」她點點頭，有點害羞。

「妳的同學用這樣的方式跟妳要求過幾次啦？」（好奇過去的事件）

「三次。」她想了一下，比出三個指頭。

「她都有成功嗎？」（好奇過去的事件）

「沒有。」

「所以至少有一次，妳有拒絕她囉。」（好奇過去的事件）

「嗯。」

「拒絕的那次，她有生氣嗎？」（好奇過去的事件）

「有。」

「她生氣了，然後呢？」（好奇過去的事件）

「她生氣了一下，又再繼續跟我做朋友。」

「既然妳那次拒絕她，最後還是跟妳當朋友，怎麼這一次又會擔心呢？」（好奇現在的想法）

「因爲她講了『永遠』兩字。」小女生很可愛的回我。

「喔，因爲這次有加上『永遠』這兩個比較重的字，所以，妳有了擔心，是嗎？」（重複她的話來核對）我懂了她會堅持來問我的原因了。

「嗯。」

「妳想把筆給她嗎？」（好奇現在的想法）我問。

「不想。」她說。

「妳還是希望跟她當朋友嗎？」（好奇現在的想法）

「嗯。」

「澤爸叔叔教妳一句話，可以試著跟她講，妳願意聽聽看嗎？」（鼓勵孩子表達自我）

「嗯。」她點點頭。

「某某，我把妳當好朋友，跟妳玩的時候眞的很開心，但這支筆是媽媽買給我的，我很珍惜它，所以，不能給妳。妳可以生我的氣，我也擔心妳會不會就這樣不跟我做朋友了。希望妳生完氣，可以繼續跟我玩，因爲，我很喜歡跟妳一起玩。」

「句子好像有點長喔?!」我笑著問她。

「不會。」她搖搖頭。

「妳願意試試看嗎？」

「嗯。」她點點頭。

「不管有沒有成功，澤爸叔叔希望妳能夠欣賞鼓起勇氣對朋友說出這些話的自己，好嗎？因為，這個眞的很需要勇氣。」

假如我只跟這個小女孩說，「妳就不要借給她就好啦。」她還是會因為擔心而不知道該怎麼開口。先在前面明白整個事件與理解她的想法後，我多問了一句：「妳願意嗎？」這四個字。這句話會重要的原因，因為我釋放了可以尊重她有不願意的可能性。如果她說「不願意。」我頂多再問一句：「是什麼原因不願意呢？」

也因為她回答了願意，我後面引導她的話，眞心聽得進去以及想要試著表達的機率，也是比較高的。

當澤澤或花寶，有了不好的情緒話，待他們的心情緩和後，我會在最後問他們，「爸爸能理解你為何生氣，只是，你剛剛因為生氣而說出來的話，讓爸爸聽了很不舒服。你可以生氣，不過，下次請你想一想，你生氣了，可以怎麼跟爸爸表達，是我比較能接受的。」講完後，我會先停頓一下，看他們的神情，再說：「你知道下次該怎麼跟爸爸說嗎？」「不知道。」他們回。我會接著說：「不知道沒關係，爸爸能告訴你可以怎麼說，不過，這只是參考，你想照著我的方式說，或是有自己的方法來說，甚至沒有做到，都可以，你願意聽嗎？」多半他們感受到了我的尊重之意，就會回答「願意」了。

孩子表達的第一步，是他願意學習如何說出好的表達。

表達自我的重點

少數的單位會邀請我與青少年分享，有幾次是小型工作坊的形式，在場只有十多位的孩子。

瑜亭是一位十七歲的女生，她跟媽媽關係很好，而爸爸平時很忙，只有假日在家。她詢問我的狀況是，只要媽媽不在，她就不知道要跟爸爸聊什麼。

「妳想要跟爸爸的關係更好，有這樣的念頭，很棒耶。」我先稱讚她，再問：「有試著跟爸爸聊嗎？」

「有。」

「聊什麼呢？」

「我都在跟爸爸說學校的事。」

「爸爸的反應是什麼？」

「他就只有『嗯嗯』的回應，有時候還在滑手機或看電視。」

「妳聽到爸爸是這樣的回應，妳的感受是什麼？」

「挺難過與受挫的。」

「妳覺得妳心中的難過是什麼？以及挫折是什麼呢？」

「我都嘗試著想跟爸爸說話，但是感覺到爸爸根本沒有想要跟我說話的意思。」

「妳願意跟我說，對於爸爸，妳的期待是什麼？」

「在我跟爸爸聊天的時候，他能夠專心聽我說話，好好地回應我。」

透過這樣的反問，我引導出**鼓勵孩子表達的三大重點**：

1感受：在事件上，對方的姿態與回應方式，我們內心的感受是什麼？

2想法：對於自己與他人，之所以會有此感受的想法為何？盡量用客觀的事實來做陳述。

3期待：希望對方可以怎麼樣做或如何說？請具體的提出可達到的目標。

接著，在工作坊的運作，我會丟出一個基本的範本，邀請學員們把上述的三個重點塡寫進去。瑜亭在整理過後，把我當成想像的爸爸，說了這些話：

「爸爸，剛剛我在跟你聊學校的事情時，你用『嗯嗯嗯』回我，感覺上並不想聽我說話，不太在乎我，讓我感覺有點難過。或許你工作很累了，但是，如果可以的話，我希望你可以好好的看我，像是一般聊天一樣的回應我就好了，好嗎？」

瑜亭邊說時，邊流著淚，因爲平時比較少做內心的表達，會有一種不習慣的感覺出現，這是正常的。相信爸爸有聽到女兒這般的情感流露，一定願意放下手機，好好聽她說話並回應了。

最後，我再告訴瑜亭第四個重點：

4 謝謝：點出對方的改變與調整，即便只有一點點，也可以。像是，瑜亭可和爸爸說：「爸爸，謝謝你今天聽我說了這麼多的話。」給予正向的肯定。

照著自己的方式表達

芳宜，也是十七歲的女生，當時在工作坊時，願意主動舉手表示想要現場練習。她說最常與媽媽發生的爭執，是在課業與未來上，媽媽總認爲她不夠努力，如果達不到媽媽的期望，便會大聲罵她。

我請她先試著用表格的方式，寫下自我表達的四個重點，如左頁表。

寫下來的目的，是要梳理大腦混亂的思緒，而不是要照著唸。寫完了，我邀請芳宜同樣也是對著我，想像我是她的媽媽，試著不要看稿子，而是用自己的方式來表達。

芳宜先低著頭，沉默了很長一段時間，沒有說話，看得出來她很緊張，我請她一同深呼吸，待心情穩定了，認為自己準備好了，再勇敢地說出第一個字即可，我們都願意等待與陪她。

她吸了超大一口氣，說：「媽媽，我知道我常常不能達到妳的要求，讓妳感到很生氣，對我很失望。但是，我真的有試著努力了，雖然離你的目標還有很大一段距離，只是妳常常大聲罵我、唸我，讓我很難過，甚至覺得自己很沒用。我也會試著再努力一點，希望妳能把標準稍稍降低，如果我有進步了，可不可以看到我的好，稱讚我一下呢？媽媽，謝謝妳沒有打斷我，把我的話聽完。」

事件	課業上，達不到媽媽的期望，就會罵我			
對象	感受	想法	期待	謝謝
我的	難過、自責（被罵的時候）	難過：我有試著努力了，但總是達不到妳的要求，為什麼不能看到我的進步？ 自責：我覺得是我沒有用。	可以看到我的努力、稍稍調整妳的標準。如果我有進步了，是否可以稱讚我一下？	謝謝沒有打斷我，把我的話聽完。

願意表達自己的孩子，是不是超棒的呢！

如果孩子願意表達，請身為爸媽的我們，也放下身段，試著調整一下看他的角度與方式吧。

在家裡，當孩子是願意練習表達的話，可以我們說一遍，再試著讓他說一遍。或者是一起用上述表格的方式，我們邊問，邊替他寫下來。他看了，在心中默唸或直接對我們演練都是可以的。當然，前提要他是願意的。

當孩子在溝通的表達上有所進步，雙向道的對談攜手並進，我們才能和他一同進行著高品質的乒乓球對話。

Chapter 6

探索——了解想法與原因

要從孩子的外在行為，多想深一層的背後原因與事件，需要自我覺察的能力。而這份自覺，是必須經由練習所培養的，當然也需要情緒上的穩定。我最常做的練習，是日常生活中與孩子的聊天。

1. 有範圍的選擇題，讓孩子核對

在對話時，孩子的回答是「不知道」，是因爲他的表達能力尚未能完整的傳達腦中的想法與心理的感受。我們除了可以試著翻譯他的話語之外，還有另外一種回應方式，能夠進行著很好的探索。

以感受爲目標，有範圍的選擇題

花寶升上小學一年級剛開學時，放學回到家後，總是悶悶的。開學第一週，還不是很明顯，第二週之後，雖然接她放學時，都是笑咪咪的，但是回到家後，卻發現到她比平常更容易因爲小事而生氣，而且爆發的幅度增大、頻率變多。我與老婆想要關心她，趁著有一天的中午，花寶發完了一次小脾氣後，我們問她。

「女兒，妳有沒有發現，這幾天回到家後，妳發脾氣的次數似乎有點多耶。」我輕聲地問她。

「嗯。」發完脾氣的女兒點點頭。

「妳怎麼啦？妳還好嗎？爸爸擔心妳。」我釋出關心。

「不知道。」女兒搖了搖頭。

「今天在學校，妳的內心有不開心、悶悶的或是緊張的感覺嗎？」（以感受為出發點／好奇過去的感受）

「有。」女兒點了點頭。

「知道是什麼事讓妳有這些感覺嗎？」（順著話來反問／好奇過去的事件）

「不知道。」

「這些不舒服的感覺是發生在家裡？還是學校？」（有範圍的選擇題，大範圍）

「在學校。」

「是上課的時候？還是下課的時候呢？」（有範圍的選擇題，再縮小）

「是下課的時候。」

「是老師？還是同學？讓妳有這些感覺呢？」（有範圍的選擇題，鎖定對象）

「是哥哥下課的時候都沒有來找我。」

「你在下課時，是什麼原因當哥哥沒來找妳，妳會有不開心的感覺呢？」（好奇過去的想法）

「因爲我下課的時候，想要哥哥來陪我。」

「所以是在下課時，有了不開心的感覺，然後，希望能夠看到哥哥，會比較安心囉？」（重複她說的話來核對）

「對。」女兒回。

「有發生什麼事情，讓妳有不開心的感覺？需要見到哥哥能安心呢？」（好奇過去的事件）

「因爲我找不到人玩，爲什麼好多人都可以很快的找到朋友，而我就不行。」女兒想到又悶了。

「是喔，下課的時候是一個人，一定很難受喔，難怪會希望哥哥陪你。」（體會她的感受），我接著說「爸爸問妳喔，妳在幼稚園的好朋友是誰？」原來是花寶在交友上有些煩惱，我順勢引導她去想到先前的成功經驗．

「中班有一個好朋友，而大班時有三個。」

「妳那個時候是怎麼跟她們變成好朋友的啊？」

「我們有共同喜歡的東西，都喜歡偶像學園。」

「妳們當時是一開學就變成好朋友的嗎？」

「不是，是因爲……（花寶描述著她們成爲好朋友的過程）。」

「所以，你也是過了好幾個禮拜之後，才跟她們變成好朋友的囉！」

「對。」

「那麼，你現在才剛開學啊，交朋友是需要時間的，會感到失落很正常。再試試看，問問看同學們喜歡的事物，爸爸相信妳會找到好朋友的。」給她一個擁抱。

花寶是屬於在學校遇到不開心的事情，會先壓抑情緒，然後，回到家再來宣洩的性格。也因爲她才小一，情緒教育的認知仍在學習中，尙未能完整的如實表達在學校所壓抑的情緒，以致於她能感受到悶悶的不開心，但說不出來這感受的來源。

「有範圍的選擇題」，如同我們端出蘋果跟香蕉，放在對方的面前問：「你比較喜歡吃蘋果呢？還是香蕉？」也因爲面前只有這兩種水果，他會把這兩個選項，逐一的放入心中來琢磨與核對，秤一秤，看這兩個之中，哪一個是他比較喜歡吃的呢？如果答案有在這兩個裡面，他便會講出一個正確答案。如果這兩個都不是，他也會透過思考、感受與核對的步驟，整理出自己眞正的喜愛。如同上述我丟出鎖定對象的選擇題時，我問「是老師？還是同學？」花寶自己回答出來「是哥哥」的答案。

而提問出來在選擇題型中的數個選項，不是隨意問的，是先以感受爲目標，如同上述詢問的水果，是以「喜歡」爲目標，再藉由我們對他的了解與認識，以及以站在他的角度，來揣摩出最能符合的幾種可能性。

提問的過程中，有個很重要的技巧是，講出一個選項時，要記得停頓數秒鐘。「發生在家裡？」停頓幾秒鐘，再問「還是學校？」這個動作的目的有二。

①放慢步調，強化每個選項，引領逐步思考

如果一次快速地把所有選項都唸完，往往聽者只會記得最後一個。講了第一個選項，停頓數秒，再講第二個，如果有第三或第四個選項，皆以此類推，這樣的動作，

如同把蘋果先端到對方的面前，讓他好好的仔細端詳，數秒後，把蘋果收起來，換成把香蕉放到他的面前。如此，他才會認眞地思考每個選項，沒有遺漏。

②停頓時間，進行核對

提問選項中間的停頓時間，有另一個作用是，讓對方把該選項的答案，挪到心中來感受，核對一下是否有符合心境。只要是對「情緒辨識」有基本能力的孩子，就能夠在核對過後，明確地說出哪一個是對的。

靈活運用的選擇題

這些選擇題的選項，可以是相同屬性，

1 時段：「不舒服的感覺是發生在家裡？還是學校？」

2 對象：「是老師？還是同學？讓妳有這些感覺呢？」

3 事件：「你會難過，是因爲考試分數不理想？還是因爲自己粗心呢？」

4**認知**：「你說的不知道，是不知道該怎麼表達呢？還是眞的不清楚？」

5**物件**：「你羨慕的是，他有這個玩具？還是他爸媽給他很多零用錢？」

有的時候，也可以是不同屬性的，需要我們依照孩子的感受與狀態，靈活提問。

澤澤有次彈鋼琴很不順利，我依然堅持要求他一定要練習完，他聽完整個大發脾氣。一段時間，他的情緒比較穩定了，我問：「你剛剛超生氣的耶。」澤澤：「對啊。」我的下一句就問了：「你的生氣，是在氣彈鋼琴這件事？（稍稍停頓一秒鐘）還是在氣爸爸呢？」他說：「都有。」我問：「哪一個比較多？」他說：「彈鋼琴。」我問：「所以，也有氣爸爸一點點囉？」他說：「對。」我問：「氣彈鋼琴的是什麼？還有，氣爸爸的是什麼？可以跟我講嗎？」

我後來經由詢問，知道了他彈鋼琴卡住的難關，以及他生我氣的原因，同時告訴我，內心希望我可以怎麼對他的，讓彼此擁有一個很棒的對話。而關鍵點就是，我以生氣爲目標，用「事件」（彈鋼琴）與「對象」（爸爸），兩種不同類型的選擇題型的方式來詢問，得到了他也有生我氣的答案，我才有機會做出應對上的調整，往後更知道要怎麼處理這樣的狀況。

感受的選擇題

剛剛是以感受爲目標，把有可能產生此感受的場合、認知與對象，作成選擇題型來進行核對。同樣的，在「以感受爲出發點」成爲通道來探索內心的開口，也能在孩子當下所發生的狀態與事件做爲觀察，以「感受」本身來當作選擇題的選項。

我和一群朋友出遊，大家都攜家帶眷的，孩子們的年齡層皆差不多，很快地就能玩在一起。大人們坐在餐墊上聊天，而孩子們玩著泥沙，互相追逐著。

宣宣是六歲的女孩，似乎是因爲媽媽要她多喝水、擦擦汗，而她顧著玩而拒絕了，讓媽媽生氣地轉身離開。只見宣宣的眼神極度不安、不時地張望著找媽媽，身體還微微地顫抖、不斷地搓手。她的爸爸在一旁安撫著，但總不見成效，向我投以求助的眼神，於是，我上前關心了宣宣。

「宣宣，媽媽好像生氣了，妳覺得有嗎？」我問她。

「有。」她點點頭。

「妳還好嗎？叔叔想要關心妳。」

「……」她陷入在自己的思緒中，沒有回應我。

「宣宣，」我先呼喊她的名字，凝視著她，稍稍停頓了一下，等到她看我了，才繼續說：「媽媽離開了，妳的感受是什麼呢？」

「……」她只有搖搖頭，並沒有回答。

「是難過？」（停頓幾秒）「生氣？」（停頓幾秒）「緊張？」（停頓幾秒）「還是擔心呢？」我從她的眼神、舉止與姿態，把幾個有可能的感受，分別列出成爲選擇題的選項，以緩慢的步調，選項與選項當中停頓數秒，讓她來試著挪到心中來核對，看看有沒有符合的。

「嗯。」講到擔心的時候，她點點頭。

「你是在擔心嗎？」（重複她說的話來核對）

「對。」

「擔心什麼呢？」（順著話來反問）

「擔心媽媽不回來了。」

「是什麼原因讓妳擔心了呢？」（好奇現在的想法）

「因爲剛剛媽媽說，如果妳都這麼不聽話，我就不要理妳了。」

「妳聽到媽媽這麼說，還看到媽媽眞的轉身走了，是認爲媽媽只是離開一下下呢？還是會離開很久？」（好奇現在的想法）我對於宣宣焦慮的行爲，進行下一步的詢問。

「很久。」

「是曾經有發生過類似的事嗎？」（回溯過往）她會有這樣的認知，多半是有發生過類似的狀況。

「有。」宣宣說。

宣宣的爸爸明白她爲何有如此巨大擔憂與不安的原因，於是，趕緊的到身旁安慰與說明，才稍稍的緩和宣宣的情緒。

當孩子還掌握不了內心的感受，模糊地不知道該如何表達時，我們可以用有範圍「感受的選擇題」，當作對話的出發點，往下探索與挖掘。

內在需求的選擇題

最後一個的選擇題型，是提問孩子的內在「需求」。

每一個人的情緒與想法，最深處的原因，往往來自於內心的需求，例如：渴望被愛、被接納、被關注、被認同、被信任、被支持。一個襁褓中的嬰兒大哭不止，哭聲的需求，可能是因爲累了想要被擁抱的安慰。一個小學的孩子不想寫功課，他一直生氣的需求，可能是希望被爸媽接納那份挫折的心。一個國中生不願意學習，沉浸在電動世界裡的需求，可能是渴望被關注，但是在眞實生活的不如意，只好往虛擬世界找尋價值。

「需求」，躲藏在外在行為（暴怒、回嘴、不理人）與負面情緒（生氣、難過）的最底層。因爲每個人的需求，都是展露出最赤裸的自己。如果年幼在討索需求時，有被傷害過，長大後，只要碰到這層需求，就會用攻擊、反抗與逃避的反射動作來應對。

心理治療師瓦蘇說，我們的心有三層結構，最外面一層是保護層，中間一層是傷痛層，而最深處的一層是眞我層。

這層眞我，是內心深處最眞實的渴望，也是內在的需求。在資深心理諮商師武志紅的著作《身體知道答案》裡寫道：「因爲有傷痛，所以有保護層；但是，因爲有保護層和傷痛組成的牆，所以，眞我深藏著，令我們碰觸不到自己的眞我，別人也碰觸不到。」

我們都期待與他人建立互愛的關係，體驗愛人與被愛的感受。只是，當年幼渴望被愛時，得到的卻是滿滿的傷害，形成了傷痛層與保護層。後來，有人想要愛他時，卻反而會懷疑自己是否值得被愛？或是猜疑這份愛是否有目的？於是，愛他的人越是靠近，卻會不自覺地把對方推得更遠，做出自我保護的矛盾。

所以，這也是爲何要與孩子做內心深度對話的重要性。**透過連結與溫度，讓傷痛層與保護層越來越少、越來越薄，孩子也才更加能夠了解真實的自我。**

內在需求的提問

要怎麼提問孩子的內在需求呢？首先，我們要先有透視眼，穿透保護層，降低關注孩子爲了保護自己而產生的行爲與情緒，不講道理、也不給建議，猜測傷痛層後面的眞我是什麼？

「你會一直回嘴，是氣爸爸剛剛批評你的話？還是認爲我都不相信你有能力做到呢？」（相信是被信任的內在需求）

「你因爲不想寫功課而大哭，有希望爸爸教你怎麼寫呢？還是抱抱你、安慰你就好了？」（擁抱與安慰是被接納的內在需求）

我的習慣是把最有可能的選項放在最後一個。如果有連結到內心需求所渴望的觸動，**他的真我被看到、被呵護，保護層會消失，傷痛層會撫平，親子的連結才能更加緊密**。親子間的安全堡壘越穩固，表示保護層出現的機會也就越少，於是，他與外面世界的互動，才會更加踏實與眞誠。

「要先感受到被愛，才能擁有愛人的能力」，大概就是這個意思。

2.讓孩子試著描述當時的情境

描述情境與細節，有助於大腦對於記憶的整合，更能從中發現自己可以調整與改變的地方。

澤澤在考試時，總是常常粗心。我們不斷地提醒，在大考前的早上，還會特地叮嚀著「等一下考試的時候，要看仔細、要檢查，知道嗎？」雖然他總是回答「知道。」但是考出來的考卷顯示又粗心了。

「兒子，好可惜喔，這題你應該是對的，只是沒看清楚題目。面對考卷，你的心情如何呢？」（以感受為出發點）當時小三的他放學回來，我看著期中考卷問。

「嗯……有點後悔啊。」澤澤說。

「既然你有後悔的感覺，是什麼原因讓你在考試的時候，沒有看清楚題目呢？」

（好奇過去的想法）

「因爲我不想考試。」

「考試的當下，你的感覺是什麼？」（好奇過去的感受）

「很煩。」

「因爲很煩，所以在寫考卷的時候，你在想什麼？」（好奇過去的想法）

「只想要趕快寫完就好了。」

「因爲很煩，所以，想要趕快寫完，是嗎？」（重複他的話來核對）

「對。」

「你可以告訴爸爸，考試的時候，你是怎麼看題目的呢？」（描述當時的情境）

「我看到題目時，因爲不想考，覺得很煩，瞄到幾個字就直接答題了。」

「也因爲只瞄了幾眼，所以題目才沒有看清楚囉？像是這題，問你的是『以上何者錯誤』，但你卻是答正確的。」（重複他說的話來核對）

「對。」

「既然你寫得這麼快，寫完考卷後，應該還有時間，你有檢查嗎？」（好奇過去

的事件）

「沒有。」

「沒有檢查的話，你當時在做些什麼事情呢？」（描述當時的情境）

「發呆，搓橡皮擦，看牆上的時鐘，等老師說要收考卷。」

「寫完考卷，寧願等著把時間走完，也不想檢查，就是因爲覺得煩嗎？」（重複他說的話來核對）

「嗯。」他點點頭。

我們畢竟不是他，不管是重複他的話來核對，或是有範圍的選擇題來提問，依然有著部分的猜測。直接讓他試著描述當時的情境，可以更讓我們了解事情發生的細節，並藉由完整的記憶能在他的心中產生覺知，從自我的陳述中找到原因。

「謝謝你告訴我。爸爸也眞的覺得考試很煩。」（體會他的感受）我接著說：

「兒子，你一開始說有點後悔，表示你有想要細心，把該拿到的分數都拿到嗎？」

（好奇現在的想法）

「想。」孩子點點頭。

「聽到你是想要細心的，眞的很棒。爸爸心疼你考完後產生後悔的感覺。所以，你有想到怎麼做嗎？」（好奇現在的想法）我想知道他的想法，再試著一起討論。

「我也不知道。」他搖搖頭。

「爸爸知道一些方法，或許能幫助到你細心。考試是很煩的，再怎麼煩，你願意聽聽我的方法，在下次的時候試試看嗎？」

「好啊。」

「你會只想把題目瞄了幾眼，不想要仔細看，是因爲心中的煩躁。爸爸有個方法，考試前，先試著做幾次深呼吸，把你對考試的煩躁感先穩定住。等比較沒那麼煩了，再開始把題目一個字一個字看清楚，遇到容易粗心的描述，像是『哪個是錯的』『何者不是』『下列哪個不包含』……等字，圈起來。這些動作，爸爸可以在平時寫功課時陪你練習，好嗎？」

「嗯。」他點點頭。

「最後，你剛剛說寫完考卷後，是在發呆與看時鐘，等老師喊收卷。你認爲這段時間，可以做些什麼事情來避免粗心呢？」

「檢查考卷。」

「是啊，你前面都這麼努力地冷靜下來與仔細看題目了，提早寫完，有多餘的時間，願意檢查前面不確定的題目嗎？」

「好，可以試試看。」

他的考試粗心了，再怎麼罵他、唸他，也只是我們內心的著急、擔心與失望所產生的生氣，然後，對孩子的情緒宣洩罷了。時常粗心的孩子，除了提醒他要細心之外，更要透過對話，讓他藉由完整的描述，發現盲點，產生覺知，讓他自己「願意」細心。願意了，才會眞心地長期做到，而不是短暫的做給我們看。

邀請孩子描述當時的情境時，**我們要跳脫「爸媽說，孩子聽」框架，多以好奇的客觀提問，讓他自己試著描述出當時的情境**。

因爲孩子的表達能力會因為練習而增強，這個「說」，不再是我問一句，他答一句，而是提問的目標與範圍可以寬廣一些。我們可以問他在事件當下的完整細節「發生了什麼事？請跟我說當時的過程？」、想法的認知脈絡「爸爸好奇你是怎麼想的呢？」、他眼中的視角觀點「你看到同學做了這樣的行爲，你是怎麼看待他的呢？」、面對他人的反應互動「你還記得，你當時對他說了什麼呢？」這些都是很好的提問。

記憶，就像是拼圖一般，一片片地散落在大腦各處。我們的一句提問，他的大腦正在經歷著整合的練習。也因爲正處於練習階段，他或許會回答得有些簡短，此時，可以給他一些好的回應，像是：「然後呢？繼續說。」「我喜歡你的想法，接下來咧？」「我懂你的意思了，還有嗎？」鼓勵他多說一些。此時，身爲父母的我們，要學習當孩子最佳的聆聽者。

好的聆聽者，是讓講的人願意說更多，滔滔不絕。回應的話語，都是爲了勾勒出他心中更多的故事與想法。

當他說越多細節，越講越完整時，請不要吝惜我們的正向回饋，「謝謝你願意跟我說這麼多。」「爸爸覺得你的表達能力眞的越來越棒了。」「你一講，我就明白你想表達的了。」

3. 探索行爲背後的事件

每一個外顯行為，肯定跟感受與想法是連動的。而想法的觀念建立、感受的深刻觸動，是從此刻的當下往之前推演，**透過一次又一次的事件所累積起來的，成為現在的自己**。例如，一個人不敢下水，他的感受是害怕與恐懼，而想法是「那個感覺好難受，我不想要再被水嗆到了。」其背後的事件可能在小時候曾有被水嗆過。

當一個孩子跟媽媽說：「老師超級討厭的。」我們該怎麼透過對話，找到背後的原因事件呢？

阿光是小三的男生，他媽媽跟我說，阿光很討厭他的班導師。只要是班導師要求他做的事情，他會當著老師的面拒絕，甚至會故意說「我不要做」。雖然老師也沒有怎麼樣，但是媽媽很擔心被老師貼上標籤，於是來詢問我。

「你說阿光會『故意』，有什麼舉例，讓你認爲是故意的呢？」我先釐清認知上的細節。

「類似的事情，像是幫忙拿東西，別的老師請他幫忙，就可以。但是班導師叫他，就會拒絕。」

「會不會是眞的剛好沒辦法呢？」

「不是，阿光跟我說，他是可以的，但是他不想。」

阿光會不喜歡他的班導師，甚至會對媽媽說討厭老師，這是外在行爲。我好奇他的想法與感受是什麼？當然，最重要的是，曾經發生了什麼事情，讓現在阿光會這樣對老師呢？

「媽媽，你認爲阿光所指的討厭是什麼呢？」（好奇過去的想法）

「討厭老師會找他麻煩。」

「找他麻煩的意思是什麼？」（順著話來反問）

「只要他在學校做了不好的事情，就會被老師叫過去，然後寫聯絡簿。」

「阿光不喜歡的，是他做了不好的事被老師叫去？還是被寫聯絡簿呢？」（有範圍的選擇題）

「應該是寫聯絡簿比較生氣？」

「是什麼原因對於被寫聯絡簿比當下被講還要生氣呢？」（好奇過去的事件）

「嗯……因爲只要他被老師寫，就會被我罵跟處罰。」阿光的媽媽有點不好意思的說。

「所以，妳覺得阿光會討厭老師，是因爲他認爲自己會被媽媽罵與處罰，都是老師害的呢？」（探索行為背後的事件）

「的確有這樣的可能，我要怎麼確定呢？」

「只能問他了。」

「如果我問了，眞的是這樣，我要怎麼做？才會讓阿光不再討厭老師呢？」

「假設這就是原因，只要妳跟阿光好好說，不再因爲老師寫聯絡簿就罵他與處罰，而是一起討論看看怎麼改進，相信情況就會變好了。」

阿光討厭老師，是外在行爲，而背後的原因可能是他認爲老師害他被媽媽處罰的。也因爲有了這個過往的事件，導致阿光有了對老師的生氣感受，以及故意拒絕的抗議想法。

觀察行爲的敏感度

每個人過去的成長經歷，特別是深刻的事件，會幻化成一顆顆的經驗球，儲存在大腦裡的抽屜裡。這些經驗球雖然看不到，但是都會深深地影響著未來所做的決定與反應。

■有個中班的男孩，當他做錯事，媽媽講道理，他總是悶住頭不說話，或者摀住耳朵用非常高頻的音量大喊「我不要聽」。原來，爸媽曾經太生氣了，罵得很凶又久。於是，他之後一犯錯，就會擔心與害怕等一下要被唸很久、被罵得很難聽，才會產生如此抵抗的舉動。

■有個小二的女生，只要有人跟她借東西，即使她的內心是不想借，但始終無法拒絕他人，卻是開口回答「都可以」，任由東西被借走。原來，她小的時候，只要每次不借別人給東西，她的爸媽都會罵她是小氣鬼。

■有個高年級的男生，他的爸媽並不會因爲成績而責罵或處罰他，但是在一次期末考時，他卻作弊了。原來，是因爲他很氣同學A；同學A每次考完試，都會來問成績，只要他的分數比同學A差，就會被笑，才導致他想靠作弊來拉高成績。

■有個國中的男生，只要爸爸一回到家，不是躲進房間，就是拿出手機。爸爸想要與他拉近關係，始終被找理由推開抗拒。原來，大概在小學高年級與國一的時候，他每次想要跟爸爸講話，爸爸都用工作忙碌為由，不理會他，於是，在心中產生了難過與生氣的感受，也有了「你不理我，我也不要理你」的想法。

我們要對孩子保持著敏感度，在好奇他的想法與感受的同時，自我思考一下，「他怎麼會有這樣的想法？」「這個想法是如何建立的？」「他怎麼會如此的生氣？有發生什麼事嗎？」「他前一陣子都還好，這幾天好像心情有點低落，有遇到什麼難關，才導致他一直埋怨呢？」然後，再做出運用「好奇的客觀提問」來問出原因。

以上的例子皆是我在講座與工作坊，經由對話所挖掘到行為背後的事件。得知了前因，明白孩子為何會這樣，也才能夠對症下藥，展開溝通與討論，共同來面對。

從聊天開始練習

要從孩子的外在行爲，多想深一層的背後原因與事件，需要自我覺察的能力。而這份自覺，是必須經由練習所培養的，當然也需要情緒上的穩定。我最常做的練習，是日常生活中與孩子的聊天，來練習探索。

擁有敏感度是起點，好奇心是不斷挖掘的鏟子。我們可以試著模擬一下，如果孩子開口講了下面的話，沒有指責與說教，也不講道理。我們是否可以在一開始的時候，就先有了警覺，感覺到背後可能有事情的發生，才導致了孩子說出這句話。特別是負面的感受與想法，往往能夠循線找到衝突。接著，透過「好奇的客觀提問」，藉由對話問出眞相。

「我最討厭○○○了。」

「○○○說他再也不要跟我做朋友了。」

「我不想去上學。」／「我不想念書了。」

「我偷拿別人的東西。」
「如果弟弟沒有生下來，有多好。」
「我覺得下課的時候，一個人也不錯。」
「為什麼別人都有手機，就我沒有？」

請在心中模擬與孩子談話，我們可以怎麼問？如何回？才能夠得知孩子說出這句話的背後原因。

PART3

教養的對話

Chapter 7

孩子願意聽進去的溝通

孩子的所思所想，只能透過對話才能知道，如果他不願意說，就會讓教養的對話無法進展，不知道該如何接下去。所以，多與孩子聊天、多對他好奇提問，除了練習表達能力外，也是在累積願意向我們表達的美好經驗值。

1. 連結彼此情感，討論出雙贏辦法

有次在國中的講座後，看家長們沒有提問，我先提出了一個很多國中生的親子之間，常會遇到的狀況：「孩子在吃飯的時候都在滑手機，怎麼辦？」果然，許多的爸媽都表示想知道該怎麼溝通。

此時，有位國中生的男生跟著爸爸一起來，我詢問家長是否可以跟他直接對話，也就是我扮演爸爸的角色，他很勇敢的說好。於是，對話開始。

對話過程，男生基本上是願意放下手機的，只是卻不斷的確認：「所以，是從全部的菜都上桌了，才需要把手機放下嗎？」「我吃完了，就可以開始滑手機了嗎？」我從這幾句的問題中，有了好奇，察覺到他對於何時可以再拿起手機的時間點會如此的在意，於是開始切入。

「兒子，怎麼了，爸爸感覺你好像有點急著要吃完飯的感覺。」（好奇現在的感受）我模擬扮演他的爸爸。

「嗯，沒有啊。」這位男生說。

「當手上沒有手機，跟爸爸媽媽吃飯時，有什麼感覺嗎？」（以感受為出發點）

「尷尬。」孩子直接講出了他的感受。

「這個尷尬是什麼？」（順著話來反問）

「就是……沒有話可以說。」

「爸爸和媽媽平時在吃飯時都沒有跟你聊天，或是問你問題嗎？」（好奇過往的事件）

「嗯，沒有。」他想了一想，搖搖頭。

原來孩子想要匆促吃完飯的原因，是因爲親子之間互不講話的尷尬。於是，我再問：「你想要跟爸媽聊天嗎？」（好奇現在的想法）我假裝是爸爸在問話，其實是希望讓他坐在一旁的爸爸聽到孩子的內心想法。

「不曾有過，所以不知道。」他想了一想，回答了這句話。

「那麼~你期待與爸媽聊天嗎？」（好奇現在的想法）我換另一個問法。

「嗯，期待。」他沒有猶豫，直接對我點了點頭。

此時，我轉頭看了一下他的爸爸，而這位爸爸也非常棒的轉頭跟兒子說：「爸爸願意為你改變。」我再對著孩子說：「孩子，爸爸說他也期待，想要開始跟你在吃飯時，多多聊天。那麼~你願意放下手機，不再想何時可以再拿起手機，單純跟爸爸媽媽享受親子時光嗎？」孩子點點頭：「嗯，我願意。」

聽得出來，孩子的內心深處非常渴望能夠得到與爸媽的連結，雖然內心期待，但卻不知道該如何表達，於是，用手機來掩蓋內心的不安，再以匆促吃飯來忽視心中的尷尬。幸好，坐在一旁的爸爸，給了孩子最棒的回應。也是我從演講開始到最後，第一次看到了這位爸爸的燦爛笑臉。

連結彼此的情感

教養的目的，當然是希望孩子改變。但是，**教養的根基是關係**，唯有緊密的關係，我們說的話他才願意聽得進去，並且是眞心的去嘗試。而關係的凝聚，不能永遠是某一方在教導另一方，絕對是兩方都能夠放下所謂的權威、身分，因爲珍惜對方而共同的調整。

如同那位國中生男孩，他願意發自內心的改變，不是因爲處罰，更不是因爲責備，而是他接收到了爸爸也想爲孩子改變的回應，一份來自於心底深處的期望。**當爸媽願意改變了，孩子才有機會願意改變**。否則，只是流於形式上的做給我們看，在我們背後他怎麼做，根本不知道。這個改變，指的不一定是行爲上，而是爸媽願意破除高高在上的那道牆，開啓心門，逐步往孩子的內心靠近的情感連結。

上述是由我來當成穿針引線的人，連結爸爸與孩子。接下來，假設我是爸爸，面對同樣的狀況，如何跟孩子直接對話來連結彼此呢？

「兒子，從剛剛坐下吃飯到現在，爸爸發現你都在滑手機，在幹嘛啊？這麼專心？」作爲爸爸的我，吃飯時看到兒子正滑著手機。

「我在用通訊軟體。」

「喔，跟誰聊啊？」我再問。

「跟同學啊！」

「了解，謝謝你跟我說。聊得開心嗎？」

「開心啊。」

「嗯，太好了。爸爸想問，你覺得大概還要聊多久？」

「不知道，怎麼了？」

「你從坐下吃飯就一直低著頭，我的內心其實有點失落。因爲爸爸希望跟你一起聊天，或是告訴我在學校發生的好玩事情。每次我們的聊天，都好開心。當然，你現在正在用通訊軟體，我要求馬上收起來，你可能會不開心而不願意。所以，你目前聊的話題聊完後，把手機放下，我也不拿手機，爸爸可以等你，我們一起好好地邊吃飯邊聊，好嗎？」

試問，如果我們是孩子，「吃飯不要滑手機、專心吃飯。再滑，就把手機沒收。」跟上面的對話相比，比較能接受並且自願放下手機，跟家人好好聊天吃飯的，是哪一種呢？

命令的背後帶著權威；權威的背後隱含著聽話；而聽話的背後則是帶有控制。剛剛的對話裡，沒有批評用手機的行爲，沒有否定用通訊軟體的舉動。所展現的是尊重與眞誠，也是邁向親子關係的第四層——內心連結的正確道路。

連結彼此的情感，再討論出雙贏辦法

在阿德勒所提及的「先連結情感，再糾正／討論行爲」、薩提爾的一致性溝通「關注自己、關注他人與關注情境」、非暴力溝通的「觀察而不評論、辨識並表達你的感受」。細讀這些內容後，其實很多的地方皆有異曲同工之妙，目標皆是連結對話當下的雙方，先向內與自我連結，才有可能向外對孩子連結。知道對方的需求，說出好的溝通，再做出討論。大致可以分成以下四個重點：

①客觀陳述

我先來舉例一下，什麼叫作「主觀陳述」，例如：「你怎麼每次都這樣。」「你又來了。」「你做事情總是拖拖拉拉。」有沒有發現到，這些主觀陳述，多少都會帶有批判詞彙。也因爲描述的很籠統「每次」「又」「總是」，只會讓聽的人想要反駁：「我哪有每次？」「我上次有做到啊。」當孩子反駁了，我們更想要反駁回去，讓他接受我們的說法，往往只會演變成辯論會。我們會這樣說的原因，是因爲從小到大的習慣，以及被情緒綁架所導致的。

如果公司的主管對我們說：「你怎麼這麼愛遲到？全公司就你最不認眞了。」請問，我們會欣然接受地回「老闆，你怎麼知道？」「眞的，你好明察秋毫喔。」嗎？肯定是不會的，相信我們只會大力的辯駁吧，孩子也一樣。

客觀陳述的是要講出「事實」，**不帶個人意見的把所觀察到的事實給描述出來即可**：「你從坐下吃飯就低著頭滑手機」「你剛剛說要寫功課，但是已經過了一個小時了，還沒有開始。」「這個禮拜，你有三次沒有帶功課回來。」

因爲是事實的陳述，而且沒有帶著主觀的評論，聽者是能夠聽得進去，讓接下來的對話能夠比較順利。

②表達感受

這裡的感受包含了自己與對方的感受。從陳述的事實裡，對應出來的自我感受，及他人可能出現的感受，都如實的表達。而且，最好跟「客觀陳述」一起服用。

表達自身的感受：「客觀陳述」＋「自身感受」＋「感受背後的原因」

舉例：

「你從坐下吃飯就低著頭滑手機，我感覺有點失落。因為，爸爸希望可以跟你一起聊天，告訴我在學校發生的好玩事情。」

「你剛剛說要寫功課，但是已經過了一個小時了，還沒開始。爸爸其實有點擔心。擔心你等一下因為有點晚了，倉促寫功課，明天老師看了沒有過，讓你在下課的時候再寫一遍，就不能到操場玩了。」

表達對方的感受：「客觀陳述」＋「對方所呈現的可能感受與原因」

舉例：

「你現在正在用通訊軟體，我要求馬上收起來，你可能會不開心。」
「今天的功課有四樣，特別有你要花最多時間寫的國文，或許你感到有點煩吧。」

我們要爲自己表達出來的言語負責，說出口的話語，要避免激怒或傷害對方。不能夠不在乎他人地想講什麼就講，請先思慮過才講，這也是爲何在〈對話的姿態〉的篇章，強調節奏放慢與過程停頓的必要。所以，表達之後，讓聽的人能夠接受，自己與他人的情緒都維持平穩，就是一個良好的說話。

擁有表達感受的能力，對於跟他人的連結，特別是家人關係，絕對有更加正向的發展。

③理解需求

同樣的，這裡所談的「需求」是雙方的，不是滿足爸媽的，或是順從孩子的。迎合孩子，是放任；順從爸媽，是聽話。唯有連結他的需求與表達我的需求，才是互相尊重的展現。

爸媽的需求，是教養的尺度，也能說是我們對孩子的期望。像是，希望孩子能夠在吃飯時放下手機；期望孩子能在十點前睡覺，並且作業是寫得工整的。

對孩子的期望，我們要先清晰地知道，是因爲愛他？還是掌控他？如果是掌控，聽孩子說話的目的，是爲了說服。不在乎他所想的，也不在乎他的感受，只要照做就好，來滿足爸媽的焦慮、擔憂或虛榮。而此類的爸媽，很多都會運用外在誘因來條件交換藉以達到控制之實，像是零用錢、打電動的時間……等。

如果提出期望的目的是因爲愛他，再怎麼焦慮與擔憂，我們會更加在乎他的感受與想法。也因爲在乎，可在教養底線的堅持不變的情況下，中間皆是可討論的。（下一章節將做更詳細的說明）

孩子的需求，是他心中的想法，也能說是孩子對我們的期望。像是，希望我們能讓他把這段聊天打完；希望我們能陪他寫功課。

孩子的所思所想，只能透過對話才能知道了。如果他不願意說，就會卡在這裡，讓教養的對話動彈不得，不知道該如何接下去。所以，在平時，多與孩子聊天、多對他好奇提問，除了練習表達能力之外，也在累積願意向我們表達的美好經驗值。

④討論共識

簡單的說，一起討論，是否有能達到爸媽需求及孩子需求的雙贏辦法，而這個辦法，是雙方皆能接受，有滿足到孩子的想法，也必須符合爸媽的教養底線。

討論，可以分成我們提出方案，或是讓孩子提案。這邊先講述爸媽該如何提出方案給孩子，而讓孩子提方案的部分，留到後面的章節再做說明。

達到共識的方案，最重要的是，要**具體的提出目標與方向**，而且是符合雙方的需求，並且是都能做得到的。例如：「你目前聊的話題聊完後，把手機放下來，爸爸可以等你。」此處所講的「目前聊的話題聊完」，即是具體目標。

「把還有剩下五分鐘的影片看完，就出門吧。」「上課遲到，如果鬧鐘多提早十分鐘叫你，覺得會有幫助嗎？」「已經有兩次忘記帶功課回來，在放學前，花個兩分鐘，把聯絡簿再次翻開檢查一下，你認爲可以試試看嗎？」「不耐煩了，請不要再對我翻白眼，而是試著跟我說你在煩什麼，好嗎？」

提出方案時，最讓人搞不清楚，也無法進行討論的就是「模糊語句」與「不要語句」。模糊語句，像是「你講話要懂得尊重我。」「我對於你這個態度非常不滿意。」，「尊重」與「態度」皆是稍能明白，卻不知道該怎麼達到的字句。

不要語句，像是「你不要忘記帶功課囉。」「你不要再遲到了啦。」雖然有提醒與告知「不要什麼」，但是，對於「要怎麼做」，卻完全空白，效果當然也會打折扣囉。相信孩子只會回一聲「好」，然後依然做不到。

先把「連結彼此的情感，再討論出雙贏辦法」的四個重點做出詳細的說明，該怎麼把教養的對話運用在生活中，下篇有更多的舉例。

2. 教養的對話

我們的教養話語，如果孩子願意聽也願意試，就不需要打、罵、威脅、恐嚇、利誘……這些特效藥式的短期方法了。所以，教養的重點，依然是溝通，而每一次的衝突，都是磨合親子溝通的最佳契機。

溝通的目的，是討論出雙方都能接受的「共識」。我把溝通形容成，平面上兩條線的交叉點。如果爸媽說的話，孩子不聽；孩子心中的話，不跟爸媽說，這兩條線就是平行線，是不會有共識的。

讓孩子願意與我們站在一個平面上找尋交集，靠的是情感的連結。

對於前一篇文章〈連結彼此情感，討論出雙贏辦法〉，各位應該已有了基本的認識與了解了。為了讓爸媽們能有更清晰的架構，在親子溝通的工作坊時，我時常用下頁的圖表來展示細節。

先說明一下何謂「教養的底線」，也是爸媽絕不能退讓，要堅持的那條線。也因爲有這條底線的存在，孩子會感到穩定與安全。如果這條線可以隨時變動或消失，孩子反而會感到不安。很奇妙的，孩子不想被管，但是卻需要被管。而這個管教，不是任何事都介入，而是要有明確界線的介入。因爲，孩子必須在有限制的底線內，學習對他人尊重、互動與負責。這條線的定義，每個爸媽的想法都不同，最基本的可解釋爲，與孩子自身的健康相關、孩子與他人的安全相關，以及是否有影響到他人的生活與權益相關。

「教養的底線」與「爸媽對孩子的期

對象	客觀陳述	表達感受	理解需求
我的		自身的感受： 感受的原因：	
孩子的		自身的感受： 感受的原因：	
我對於教養的底線			
（符合雙方需求／期望的） 具體的討論共識			

望」的差異在於，底線是不能更動，而期望可以調整。就像放風箏一樣，底線是要在天空飛著，而期望爲位置高低是可討論的。例如，在孩子的自律能力尚未成熟前，底線是不會給他一支能隨他任意使用的手機。而期望是可以討論使用3C的時間與規範，以及手機的限制程度到哪裡。

先來簡單的舉例好了。事件是，孩子想要吃餅乾，但是他正在咳嗽。表格即可填寫如下表：

對象	客觀陳述	表達感受	理解需求
我的	平時可以吃餅乾，孩子想吃，但是現在有咳嗽。	自身的感受：擔心 感受的原因：擔心吃了餅乾，咳嗽會更嚴重。	（我的需求） 咳嗽好了再吃。
孩子的		對方的感受：生氣 感受的原因：生氣我們不允許他吃。	（孩子的需求） 想要吃到餅乾。
我對於教養的底線	不可影響健康		
（符合雙方需求／期望的）具體的討論共識	1等到咳嗽好了，立刻來買。 2先買餅乾回去，等咳嗽好了再開來吃。		

於是，我們可以順著表格所填寫的，試著把教養對話的四個

重點「客觀陳述」「表達感受」「理解需求」「討論共識」給自然地連在一起。

「孩子，我知道你因爲爸爸不讓你吃餅乾，感到很生氣。你現在有咳嗽，爸爸擔心你吃了餅乾之後，咳嗽會更嚴重。我明白你很喜歡吃這個餅乾，如果是平時，沒有咳嗽的時候，當然可以吃。不然，爸爸有個提議，等到咳嗽好了，立刻來買，或是先買餅乾回去，等咳嗽好了再開來吃。你覺得哪一個比較好呢？」

由於這是示範，句子多少會冗長一些，表格的存在能把混亂的思緒統整成文字，方便大家了解可以如何運用，絕對不是要照著唸。而是，要依照自己的個性，自在地把重點傳達出來，講出多少內容是其次，**孩子能明白我們的心意才是最重要的**。

3. 不要再假民主眞聽話

對話與提問，是爲了能夠理解孩子的想法，明白了他的所思、所想與所感。然而，需要教養的時候，依然要教。說出他能夠聽得進去的教養，共同討論出具體的共識，也是溝通的目的之一。

關於雙贏辦法的共識，先前提過了爸媽可以如何向孩子提案，接下來要說明的，是如何讓孩子透過思考，說出他的提案。

假開放的詢問，只會讓孩子拒絕溝通

有位媽媽看到小五的兒子玩手機，已經超過講好的時間，立刻做出提醒。

「兒子，可以囉！時間到了，請把手機關掉。」媽媽說。

「再一下下。」兒子依然玩著手機。

「還需要多久，請你跟我說一個時間。」媽媽的語氣有點嚴厲了。

「再十分鐘。」兒子說。

「沒有，十分鐘太久了。」媽媽拒絕他的提議。

「我反正打完就會給妳啦。」孩子有點不高興了。

「打完是多久啊？」媽媽也很硬的再問。

「我剛剛不是講了嘛？」

「太久了，所以不可以，請你再想。」

「我不要。」

這位媽媽在某次的演講後來問我，她認爲自己並沒有不讓孩子看3C，雖然有規定時間，也有讓孩子自己說清楚還需要多久，實在很不明白孩子爲什麼會這麼生氣?!常常爲了這樣的事情，親子雙方都好生氣又不斷地爭執。

親子之間的爭執，往往來自於意見不合、想法不同。爸媽要求的他不願意，孩子想做的我們不允許。討論之時，假使我們採取的方式是「先開放選擇，再否決」，其實，只會讓對方更加的無奈與生氣，因為，他感受到的是，我們根本沒有聽進她想法的「假民主真聽話」，最終目標只是說出爸媽想聽的結果罷了，如同揣測老闆的心思一般。

像是，帶孩子去美食街吃飯，我們：「你要吃什麼都行，自己去選。」孩子：「我要吃漢堡跟薯條。」我們：「不可以，那是速食的。」孩子想了一想，再提：「我想吃甜甜圈。」我們拒絕：「不行，那是甜點，請你選正餐。」孩子賭氣：「那我不吃了啦。」相信孩子心裡想的是，「是妳說什麼都行的？我選了，妳又說不可以。」

如同上述的狀況，那位小五生，心裡想的肯定是：「是妳要我自己提時間的，我講了，妳又不同意。」於是，更生氣了。

先設定框架再選擇

請孩子說出他的想法與辦法，不能夠以大人的角度來認為你應該要懂，給予了過度的開放，但心中卻早已有標準答案。倘若孩子的回應不符合此標準，就會給予否決。可是，他根本不知道有此標準值的存在。

心理學的理論表示：「孩子從無律要學會自律，必須先經過他律。」孩子在自律之前，就是個「無律」居多的人，以自我爲中心，優先想到自己、不太會顧慮到後果與他人的人，而我們就是「他律」的環境維護者。藉由我們的管教，他才能逐步的邁向自律。自律的定義爲，面對事情能擁有想到他人感受與後續影響的判斷能力，並且能肩負起做與不做的所有責任，這才是成熟的展現。所以，我們身爲父母，本應要給予孩子在行爲上的約束與管教，提供「有限制的自由」的教養方式，至少在十八歲之前皆要注重，中間隨著自律能力的養成多寡，再適度地放寬。

正處於無律居多的孩子，本應不會想的完善，面對「假民主眞聽話」的詢問，每回答一個就被否決一個，內心滿滿的沮喪、無奈、生氣與不爽油然而生，於是，拒絕與爸媽溝通。因爲，說了有何用?!如此，孩子越大，拒絕跟爸媽討論與溝通的行爲會越明顯。

我們應該要做的是，「**先設定框架再選擇**」，意思是把合理的範圍條件先講明白，再做出提問，讓孩子在已先設定好的框架之內做選擇。

把開頭的對話，換成如下，看看會有怎樣的感受？

「兒子，可以囉！時間到了，要把手機收起來。」媽媽說。

「再一下下。」兒子依然玩著手機。

「是喔，是什麼原因你沒辦法收呢？是這關還沒結束嗎？」（好奇現在的事件）

「對，快好了。」

「如果快結束了，再多一點時間是沒有問題，但是你剛剛已經玩三十分鐘了，如果還要一些時間，最多只有五分鐘喔！**你認為五分鐘以內，需要多久呢？**」

「好，就五分鐘。」

讓他在已經設定好的框架內做出抉擇，也讓他領略到，只要在規範內，爸媽是允許溝通的，是可接受他的想法的。由於，他很清楚地了解界線，便較容易欣然接受自己說出口的決定，也更能擁有覺知的能力來願意做到承諾。

「先設定框架再選擇」有兩個用法：

1告知界線，有限的範圍內讓孩子選擇

「中午我們要出門喔，請你在十二點前要把功課寫完，你覺得可以怎麼安排呢？」

「你自己看想吃什麼，因為我們要吃正餐，所以，速食與甜食這類的都不行喔。」

2目標明確，提供選項讓孩子選擇

「由於我們中午要出門了，出門前要把功課寫完，你想先寫國文？還是數學？」

「青菜要吃喔，你要吃三口？還是五口？」

註：這個限制的範圍，需要隨著孩子的年齡或每次的狀況，不斷地做出討論與調整喔，特別是青春期的孩子。

孩子同意的承諾，耍賴了

孩子承諾了再玩五分鐘，結果五分鐘到了，他又回答「還沒好，還要再一下」的要賴。相信有這樣的情況，多半不會只有發生一次，應該是好幾次。

我的前作《世界愈快，對孩子說話要愈慢》裡，提及的「有關聯的剝奪後果」就可以運用在此了。因爲承諾是種責任，而責任的後果即是要爲自己的承諾負責。

由於不是第一次發生，當孩子說了「好，就五分鐘。」時，如果孩子的自律能力尚可，可以反問：**「如果五分鐘到了，你又說再一下了，怎麼辦呢？」**讓他思考。

如果是無律能力居多的孩子，我們可以提醒，與此承諾有關聯的剝奪後果：「沒問題。只是，如果五分鐘到了，你又像上次一樣不願意收起來，之後就沒有這個五分鐘囉。只要是打電動的時間一到，就是立刻關手機，沒有再延了。」「五分鐘到了，如果你不還給我，明天的電動時間就取消。」取消掉往後的延長時間，或是取消明天相同的電動育樂，就是對於承諾的剝奪後果。

這個「剝奪後果」是有條件的。

1關聯：與事件有因果關聯性。

2尊重：不能做出傷害他的行為，也要對於屬於他的物權給予尊重。

3堅持：我們與他皆能做到的堅持。

更詳細的用法，請參考《世界愈快，對孩子說話要愈慢》。

如果你不選，就是我替你選

上學前，女兒從房間走出來時，手上拿著本書在看。坐在餐桌前，相當入神，媽媽為她準備好的早餐，一口也不動，沉浸在書香世界裡。

「女兒，請妳邊看邊吃喔。」時鐘顯示七點四十分。我會提醒她，因為五十分就要出門了。

「嗯。」她繼續低著頭看書。

「女兒，因為妳快要出門了，請妳快點吃，如果不回答，也不動作，爸爸就要暫時把妳的書收起來囉。」

「我不想吃。」

「妳不想吃，等一下到了學校，要到中午才有東西吃，中間妳肚子餓了，怎麼辦呢？」我提醒後果，反問讓她思考。

「我不知道。」

「妳不知道的意思，是現在不餓，但是擔心等一下餓了沒有東西吃，是嗎？」我試著翻譯她的意思。

「對啊。」

「不然，妳現在吃幾口就好，或是把早餐帶去，下課的時候，餓了可以吃。妳覺得哪一個方法比較好？」（先設定框架再選擇）這個框架的底線就是「吃早餐」，而什麼時候吃由她選擇。

「我不知道要怎麼選，現在不餓，但是帶去又很麻煩。」

「既然妳是擔心會餓的，現在又快遲到了，**如果妳不選，就是我先替妳選囉**。」

我以堅定的態度說出這句話。

「嗯，好啦，我只要吃幾口就好了。」女兒猶豫了一下，終於提出她的想法。

「好，出門上學吧。」如果她最後還是不吃，就要承受餓肚子的後果，我也是可以接受的。既然她願意吃，就用些方法，再加上稍稍的堅持，準時的出門。

「建立規範的方法，靠著是堅持」。而且在過程中，我的應對方式除了在〈對話的姿態〉中所描述的幾點之外，更重要的是加上「**態度堅定**」。如此，孩子才能感受到我們的堅持。

當給予了「設定框架的選擇」，但是孩子不選，或是回答「我都不要」，請告知這一句「**如果你不選，就是我替你選。**」例如：「五分鐘之內，平板還需要使用多久？如果你不選，就是我替你選。爸爸選的話，我會選現在直接關掉。」「青菜要吃喔，你要吃三口，還是五口？如果你不選，就是我替你選。爸爸選的話，會選五口。」

請記得，我們替他選的話，請在原先已講好的範圍內，或是合理的選項內提出選擇，否則，很容易不小心形成恐嚇。

4. 有條件的反問，讓孩子思考後果

有天早上，女兒有點感冒，很輕微但昏昏沉沉的起不來。由於，澤澤要提早到校擔任糾察隊，我先送澤澤上學，再回來接女兒，順便讓她多睡一會兒。

回來後，老婆對我說：「女兒問可不可以請假，因爲她還想睡。」我直接去房間關心女兒。

「女兒啊？妳還好嗎？」我先關心她的狀況。

「想睡覺。」女兒的聲音仍有點無力。

「有哪裡不舒服嗎？」摸摸她的額頭，沒有發燒。

「沒有，就只是想睡覺。」

「媽媽說，妳想請假睡覺，是嗎？」

「嗯。我想請整天（其實是半天，小二讀半天課）。」

「妳覺得自己有不舒服到要請整天嗎？」

「沒有。」

「如果沒有那麼不舒服的話，爸爸有三個建議，妳可以想想看喔。第一，如果妳醒了，現在起來，時間還來得及，不會遲到。第二，妳想再睡一下，我們請早自習就好，第一堂課前到。爸爸陪妳去跟老師說。」

講完兩個建議後，接著提出最後一個：「第三，眞的很想睡，我們直接請半天，但是，因爲妳連上課都沒精神了，所以，在家只能休息跟做靜態的事，沒有玩、也沒有電視，而且今天的功課還是要當日完成。妳評估身體的狀態，想一想，如果這三個妳都不想要，妳可能自己要想一個不用請整天的辦法，想好了再跟爸爸說。」

我離開她的房間後，過了一會兒，女兒很快的就穿好制服出來了。

「所以，妳決定去上學了？」我問。

「對。」女兒肯定的回覆。然後，很快速的吃完早餐、刷牙，花不到幾分鐘我們就出門了。

有條件的反問

孩子是個獨立的個體，我們要維護他的自主想法，只是，尚在「無律」居多的孩童階段，完全放手由他作主，多半會做出不周全的決定。我們不用跳進「可以」或「不可以」的陷阱題裡。而是使用「有條件的提案」來反問討論出具體的雙贏辦法，由孩子思考。

「有條件的反問」的語句用法：提出滿足孩子需求後的相關條件。再搭配能符合親子雙方需求的爸媽提案，讓他思考。當然，滿足孩子需求的前提是不能碰觸到教養的底線。

「如果你不想現在寫功課，想要回來之後再寫，那麼，我們就提早回來，有充足的時間讓你寫功課。」（有條件的提案1）＋「不然，你現在能寫多少，剩下的功課，我們帶去寫，寫完之後再去玩，我們就不用提早回來，可以玩得比較盡興。」

（有條件的提案2）＋「你認爲哪一個比較好呢？」（反問）

沒有否定孩子的想法，也沒有強迫接受任何意見，而是理解他的需求，加上條件限制與多重選擇，再讓他思考。

如此的互動模式，孩子的感受是被接納、被允許，以及被包容，帶有尊重的情感下，全面性的逐一審查，做出非情緒化的理性抉擇。

決定出門的背後原因

我帶女兒上學的路上，還發生了一點小插曲，想要分享給你們。

「是什麼原因讓妳選擇了現在出門？」（好奇現在的想法）在路上，我問她。

「因爲我不想要在早自習時進教室，也不想要在家休息這麼久。」女兒說。

「是喔，早自習結束時進教室，也不喜歡喔？」（好奇現在的想法）因爲我認爲這是個還不錯的選項。

「不喜歡，因爲我進門時，大家都會看我，我不想要被盯著看。」

「同學在看妳的時候，有什麼感受？會擔心？或者是緊張嗎？」（以感受為出發點／有範圍的選擇題）

「都有。」

「擔心什麼呢？」（順著她的話來反問）

「擔心他們會笑我。」

「笑妳什麼呢？」（好奇過去的事件）

「笑我：哈哈，妳遲到囉。」她還模仿了一下。

「哇～被笑的感覺眞的很不好。妳曾經有被這樣笑過嗎？」（體會她的感受／回溯過往）我想到，她的感受可能與過往經驗有關。

「有一次，在小一的時候。眞的很奇怪耶，遲到就遲到啊，幹嘛要笑我？」她似乎想到過往，還是有點小生氣。繼續說：「所以，現在有人遲到了，我會做著自己的事，不會特地去看他們，因爲，我知道這個感覺很不好。」

「當時，很難過嗎？」（好奇過往的感受）我關心反問。

「嗯。」

剛聊完，也正好到學校了。我先抱抱她，緩和一下情緒，才趕緊匆忙說聲掰掰，進去了。

爸媽認為最好的辦法，不代表孩子也是這麼認為。這段在路上的對話，證明了我們的每一個感受與決定，其實都有其背後的原因、想法與經歷。

透過發問與對話，一層又一層的沿著線頭往上游探索，才能夠理解孩子內心的整段心路歷程。

思考後果的反問

有位媽媽帶著孩子來聽我的演講，Q&A的時候，問我一個問題：「他（指著旁邊的男生）每次在睡前，總是要不斷地催他去刷牙、洗澡，他都說不要，一直拖。到底該怎麼跟他說？」

「孩子幾歲？」我先問年齡。

「升小五。」媽媽回答。

「平常都是怎麼說的呢？」

「快點去洗、要十點了、很晚了、再不去的話就……」媽媽大概說了一下。

「哈囉，弟弟，你好。介不介意叔叔直接來跟你說說看呢？」我大致了解後，對著坐在一旁的男孩詢問。

「嗯。」他點頭。

「假設現在是晚上九點半了，你還沒刷牙洗澡，現在我假裝是爸爸要叫你囉，然後，你像平常一樣就可以了。好嗎？」我說明了情境。

「好。」弟弟準備好了。

「兒子，九點半囉。要去刷牙洗澡囉。」我先開口提醒。

「我不要去。」看來他已經在狀態裡了。

「你在做什麼？讓你沒有辦法現在去呢？」（好奇現在的事件）

「我在玩。」

「好的。爸爸理解你想玩，而爸爸擔心的是如果太晚去洗澡會太晚睡。所以，爸爸希望你十點就要全部弄好，躺在床上準備睡覺。如果十點前要弄好，你認爲要幾點

去刷牙洗澡呢？」（先設定框架再選擇）

「嗯……九點五十分。」孩子想了一下再回答。

「你覺得你可以在十分鐘之內把所有事情都弄完囉？」（重複他說的話來核對）

「對！」

「好，我相信你。那麼，等五十分一到，是你自己會記得時間呢？還是要我提醒你？」（先設定框架再選擇）玩的動作都要停止，只是，怎麼停止是可以選擇的。

「你提醒我。」

「我可以提醒你，但是，**當爸爸提醒你了，你卻像之前一樣再拖拖拉拉，又說不要去，怎麼辦？**」（思考後果的反問）

「這次不會了，你一提醒我，我立刻去。」

「沒問題，爸爸相信你，等一下時間到了，我再來提醒你喔。」

「好。」弟弟點頭同意。

「謝謝。」我上前跟這位弟弟握手。

之前說過，對話就像乒乓球一般，我打過去，你拍回來。在此提及較適用於孩子年紀偏大或自律較高的教養方法：「思考後果的反問」。

基本的問法是：「客觀的陳述事件與後果」＋「讓孩子思考的反問」

「讓孩子思考」的反問句有：「怎麼辦呢？」「你覺得可以怎麼做呢？」「你認爲呢？」「有其他的想法嗎？」如此的問法是把球拍過去給孩子，「請你好好的認眞想一想自己的決定所造成的影響，再向我們討論，認爲可以怎麼做？」

「我們等一下十二點要出門，可能要晚上九點多才會回到家，差不多要睡覺了。如果你的功課沒有在出門前寫完，怎麼辦呢？」

「這次的考試，因爲粗心而後悔了，你認爲能怎麼做，下次可以做到細心呢？」

「爸爸明白你不是故意的，但是對方的確感到不舒服而哭了。你認爲有什麼辦法，可以在好玩的情況下，讓每個人都覺得是好玩的呢？」

在此，沒有提供他選擇題，也沒有限制範圍，而是放手讓孩子擁有全面性的思考，能練習考慮地更加周密，思維的廣度能延伸到所做決定的後續，連帶爲自己應該擔起的責任，產生自覺，更能鍛鍊爲自我負責的能力。

如能運用在稍具備自律意識的孩子，效果肯定更加顯著。相當鼓勵中、高年級以上的孩子，多使用這個方法。**只要他所提出的方法，皆為合理且能符合到爸媽的需求，請多調整我們的期望，同意孩子的提案，作為實質的鼓勵。**

如果是面對較爲年幼，「無律」程度較高、衝動情緒較強烈的幼童，「思考後果的反問」就不一定適用了。我們問了，他即使想到了後果，也因爲較以自我爲中心，或被情緒所主導，回答：「我不知道。」「我不要說。」此時，「先設定框架再選擇」與「有關聯的剝奪後果」即可派上用場了。

由孩子提出具體共識的方法

這兩個篇章講了比較多，在教養溝通上，由孩子提案的技巧與方法，可能看了有些疑惑，在這做了整理性的說明與舉例。

「先設定框架再選擇」，在明確的目標內，畫好了一個圈，讓孩子在圈內思考。
「有條件的反問」，是提醒選項的相關條件，再讓孩子在選項裡思考。
「思考後果的反問」，是單純提醒規則界線，開放讓他思考後果並自行提案。
以孩子看電視為例：
1 **先設定框架再選擇**：「等一下時間到了，你會自己關掉電視？還是要我提醒你？」
「最多可以再看五分鐘，你認為五分鐘之內，還需要多久？」
2 **有條件的反問**：「如果你要繼續看的話，下午的電視就沒有囉，你可以接受嗎？」
3 **思考後果的反問**：「如果你還想看，但是看電視的時間已經到了，怎麼辦呢？」

各位爸媽知道如何靈活運用了嗎？

5. 教養有時不一定要解決問題

我們常遇到的教養狀況，總把重點聚焦在解決眼前的問題。像是，孩子抱怨爸媽「偏心、不公平」，或是孩子不跟長輩打招呼。為了要處理問題，跟孩子解釋「我對你們都是公平的」以及「為何要有禮貌」，孩子根本聽不進去，最後變成了不情願的強迫，心中產生了更大的埋怨。

人是群居的生物，人與人之間的關係與互動，皆會牽連到感受與想法的建立，而感受與想法又會導致最終的行為。換句話說，我們以為的教養議題，如果是與「人」有關聯的，或許重點不在於解決眼前的問題，而是問題背後的人際相處，特別是與他人之間的「內在需求」。

在家辛苦照顧孩子的全職媽媽，夜晚趁著孩子睡著，跟老公抱怨今天發生的大小事。老婆述說著孩子的不聽話，如果老公把重點放在解決如何「讓老婆不要抱怨」

或「讓孩子聽話」的問題上，可能會講出「那你去外面找工作啊」「你可以這樣教孩子」的建議與分析。其實，老婆想要的只是老公的安慰、聆聽與關心。再深一層來看，老婆對於老公的內在需求，來自於一整天找不到人傾訴的沮喪與無奈，或是想找話題來跟老公聊天的互動。**比起問題的解決，老婆更在乎的是與老公之間的連結。**

臨床心理師陳品皓在著作《心理韌性》一書說：「什麼是心理的連結？就是我跟你互動的時候，我們心理靠近的程度。就是我們跟一個人互動時，感覺自己被重視、被在乎、被尊重的程度。」

孩子的計較，其實是在討愛

有位媽媽在演講時描述了下述的狀況，問我該如何處理。

「媽媽偏心，上次回家，妳只牽妹妹，都不牽我。」小四的女兒跟媽媽抱怨。

「妹妹年紀小啊，過馬路很危險，當然要牽著她。而且我另一隻手拿著東西，妳要我怎麼牽妳？」媽媽解釋著。

「難道我就不危險嗎?!」女兒生氣了。

「妳都幾歲了，可以自己注意啊……」

女兒抱怨媽媽只疼妹妹、媽媽氣女兒不懂事，陷入了無解循環。

孩子的內心渴望與爸媽的情感連結，希望被愛、被關注、被在乎。只是他不知道該如何表達、也不容易覺察到自己對於愛的期望。當期望落空，往往只會湧現生氣或難過的情緒。於是，表情悶了、語氣拗了，話語中充滿著計較。

孩子的計較，是在討愛啊！

我邀請這位媽媽，換個角色來模擬看看。她當孩子，我當媽媽，試試用不同的說話方式，來察覺孩子的感受。

「媽媽偏心，上次回家，妳只牽妹妹，都不牽我。」我請這位媽媽把女兒說的話，再說一次。

「是喔，所以，上次媽媽沒有牽妳，妳很難過嗎？」（以感受為出發點／體會她的感受）

「對。」

「哇，媽媽那個時候沒有注意到，讓妳難過了，不好意思喔。妳現在想到了，還會感到難過嗎？」（連結彼此的情感）

「嗯，還是有一點。」

「媽媽不知道上次讓妳難過了，聽了好心疼，媽媽抱一個。我很願意牽妳的，每次跟妳手牽著手，都好開心、好幸福喔。」（連結彼此的情感）**我回應孩子，她心中渴望被媽媽在乎的內在需求**。接著繼續說：「只是，妹妹還小會亂跑，所以目前需要我牽著，另一隻手又拿著東西，怎麼辦？讓妳先抓著衣角，可以嗎？等下次沒拿東西了，媽媽一定空出手來牽妳。」（討論雙贏辦法／有條件的反問）

「嗯，我有點懂了。」這位媽媽點點頭。在詮釋對話的後段，她似乎明白我想表達的了。

從外在行爲來讀出內在需求

〈有範圍的選擇題，讓孩子願意表達〉的章節提到「內在需求」，這邊想再做多一點的延伸。

雖然我們知道了，孩子對爸媽的內心渴望，只是，不太認識自己內心的大人，也很難有這個能力看穿，孩子躲在反抗行爲背後的眞實想法。所以，當孩子有些舉動眞的讓我們很惱怒，也請先冷靜下來想一想，**「他的行為或言語，是希望從我們這邊獲得什麼內在需求呢？」**

如同，大喊偏心的孩子，內心對我們的需求是獲得愛與關注。還有，前幾篇的章節裡，有個在吃飯時一直想拿手機的兒子，內心對爸爸的需求是希望享受邊吃飯邊聊天的親子連結。若是沒得到期望中的回應，會衍生出更多的沮喪與失落。一次又一次的澆熄，最後，不抱期待，親子的連結也就斷了、關係也變得淡薄了。

孩子對我們說：「我不想要你管我。」他希望從我們獲得的內在需求是尊重。於是，我們可以回應他：「我可能沒有留意到你已經長大了，的確有些事情，我該要放手讓你自己決定，並且要懂得尊重你。當然，我就是你的爸爸，會有教養的堅持。所以，有哪些事情，你覺得被我管是很不開心的，請跟我說，我們來討論一下，只要有了共識，爸爸絕對會學習如何尊重你的。」

「我覺得你們都不相信我。」他希望獲得的內在需求是我們的信任與支持；「你們爲什麼總是要批評我？」他希望獲得的內在需求是我們的認同。

不要總是被孩子為了保護自我的指責行為給騙了、給惹火了。試著讀出他的內在需求，停止解釋、講道理與責備了，**請單純的用「連結情感的話語」來回應他的需求**。親子之間的連結重新連上了，我們原本以爲的問題，便會迎刃而解。

6. 不要拿孩子的所愛來談條件

網路上有一個影片，是身心科馬大元醫師，在大愛《人文講堂》的演講，主題是〈從腦科學看親子教養〉[1]，裡面提到了「大腦的可塑性」。大概的意思是，人會把當下的行爲與內心的此刻感受做出連結，然後，在大腦中產生新的迴路，而不常使用的迴路就會被修剪掉。

假設，我們把跑步當作一種處罰，孩子跑的當下，會與被處罰時的負向感受，像是，委屈、難過連結在一起，成爲了腦中一條新的迴路，於是，這個孩子往後可能會討厭跑步。隨後，引導出「與負向感受連結的行爲，孩子會排斥；與正向感受連結的行爲，孩子會嚮往」。

於是，在影片中，馬大元醫師就提出了兩個論點：「有益的不該當作處罰」，像跑步。而我想跟大家分享的是他說的第二點，「無益的不該當作獎勵」。

無益的不該當作獎勵

現在許多十幾歲的青少年，問他未來的夢想是什麼？絕大部分都是回答：YouTuber、實況主、電競選手。再拆解這些孩子從小到大的生活，我們會發現，他們擁有快樂、興奮、滿足的感受，往往來自於打電動與看 YouTube 的時刻，也難怪會把未來寄託在3C之上。

「寫完功課才可以用3C。」「這次考試有前三名，可以多打一小時電動。」當孩子面對功課上的煩悶、挫折與壓力，全部寄託在完成之後，使用電動與3C上時的喜悅。的確，他寫功課的速度是增加了，但是，動機其實是爲了打更多更久的電動。於是，「打電動的重要性高於讀書」的認知，也因此在腦中產生了。

或是孩子年幼，最渴望我們的陪伴時，大人沒空，丟平板或開電視給他，讓他原本找不到人陪的沮喪、失落、難過，全部轉到3C上的快樂與滿足，於是，也在腦中產生了新的轉移：「當我寂寞或無聊時，有3C就好。」

於是，每天開始嚮往著：唯有電動能讓我快樂、唯有手機能讓我滿足、唯有電視能填滿我的空虛。**常常喊「我好無聊」的孩子，通常把3C放在他心中最重要的位置。**

如果「打電動的重要性高於讀書」的認知早已根深柢固，大學時，搬進宿舍，無須讀書也能盡情地享受打電動的快樂，何必去理會煩悶的課業呢?!長大了，遇到工作上的煩悶、挫折、壓力，或是一個人的孤寂、無聊、低落，便選擇一頭栽進3C世界裡逃避現實，形成了撫慰心靈的補償作用。（抽菸、賭博、喝酒也是一樣的。）

即便打電動與3C是現在孩子的喜愛，也的確是督促他快速達到爸媽期望的方法，也不要拿來當作鼓勵孩子唸書的條件交換，因爲這會讓電動與3C在他心中的順位遠高於讀書。**我們應該要使用激發內在動機的方法，來讓孩子願意學習。**

有益的不該當作處罰

有朋友跟國中的女兒吵架，一同來找我，她說女兒小郁的成績很不好，似乎對學習放棄，用了各種辦法，軟硬兼施都無效，眞的不知道該怎麼辦？

省略前段大部分的對話，擷取重要的如下：

「妳說不念書、不寫作業，其實是有點故意的。這個故意是什麼意思呢？」（好奇現在的想法）我問小郁。

「就是故意的啊。」小郁說。

「故意……給誰看的呢？」（好奇過去／現在與人的互動）

「給媽媽。」

「妳故意讓成績考爛，是希望媽媽有怎樣的反應呢？」（好奇過去與人的互動）

「我要她生氣。」

「是什麼原因妳要藉由考試考爛來讓媽媽生氣呢？」（好奇過去的想法）

「誰叫她用我最喜歡的社團課來要脅我。」

原來，媽媽認爲小郁花太多的時間在社團練習上，要求某一次的段考，沒進步就不讓她上課，直到考好了爲止，誰知從那次之後成績就不見起色。

「小郁，妳是希望藉由這樣的方式，讓媽媽知道她這樣做是不對的，是嗎？」（翻譯孩子的想法）因爲這很明顯是個報復心態。

「對。她不讓我參加最喜歡的社團，她希望的成績，我也不讓她得到。」她的表情滿是憤怒。

「既然妳對於媽媽的行爲是生氣的，怎麼沒有試著好好跟媽媽溝通呢？」

「我才不要咧，是她先不跟我溝通，強行用我最愛的社團來要脅，爲什麼我要好好跟她溝通。」

如果老闆時常用我們最在意的薪水、福利或午休時間來當作要脅，只要業績沒有達標就取消，請問，我們會喜歡嗎？相信肯定不願意再繼續待在這家公司了吧。

當孩子喜歡的事物是有益的，像是，運動類的籃球、足球；興趣類的畫畫、音樂、閱讀……等，都不應該拿來當作教養時的處罰之用。說白話，這樣談條件的舉動，缺乏討論的本質，其實跟「要脅」無異，拿孩子熱愛的事物來達到爸媽的要求。親子之間變成時常在「談判」，少了實質溝通，孩子的心中也是充滿憤恨，即使沒有影響到他對該事物的喜愛，也會讓親子關係產生裂痕。

如果孩子參加社團真的影響到了課業，我們要做的是找尋共識的溝通，而不是用他最愛的事物來做談判。

孩子的休閒不該只有3C

有位家長寫私訊問我，他孩子在國中的功課不錯，有維持在前段的名次，但是，太愛打電動了，每天只要寫完功課跟讀完書，就一直打到睡覺時間。假日更是數個小時離不開電腦或手機，孩子說這是他的休閒娛樂。該家長的疑惑是，既然功課沒有滑落，有需要管束孩子的電動時間嗎？

我的回覆是「還是要約束」。學校的事情做完，不代表就可以狂打電動。想像一下，有位老公只要下班回到家就狂打電動，其他事情都不做，請問我們可以接受嗎？我內心對於這個孩子認爲「學校的事情弄完了，可以盡情打電動」的認知，是感到好奇的。猜想是家長沒有加以控管之外，應該從小學開始就採用了以電動來跟孩子談條件的習慣，才導致有如此觀念的建立，而無法強硬管教。

即便孩子學校的事做完了，我們依然要約束他打電動與看影片的3C使用時間[2]。當他發現在睡覺前，有一段放空的空檔時光，此時，請讓他無聊吧。因爲，無聊了，他才會運用這段時間，去探索自己的喜好、找家人相處增加互動，甚至，可以留白獨處，更加認識自己。

能夠自動調降3C在孩子內心順位的方法，就是讓他找到比3C更有趣、更好玩、更想花時間投入的人、事、物。像是，我常在演講時分享，希望孩子放下3C，我們爸媽要先成爲有趣的大人。讓餐桌成爲開心大笑的地方，孩子與我們吃飯時會自動把手機收起來。

世大運破紀錄的舉重選手郭婞淳，平時對抗壓力的方法，是用彈鋼琴來舒緩情緒。

很多的研究都證實，「運動」與「有益的興趣」，是調節情緒與壓力的兩大法寶。

而空檔時間的探索喜好，就可以從「運動」與「有益的興趣」這兩方面去嘗試。孩子有找到適合的運動與熱愛的興趣，能把讀書與考試的煩悶與壓力，獲得正向的抒發與調節，壓力得到釋放，心情感到愉悅，大腦得以建立新的感受與記憶。長大了，在工作上有了挫折，也懂得用此相同模式來舒緩鬱悶、沉澱自我，重新充滿勇氣，對抗逆境。

請不要讓孩子的休閒只有3C，多元地嘗試接觸其他的領域與活動，對他的所有面向都有絕對正向的發展。

註解

1 〈從腦科學看親子教養〉的網路連結 https：//reurl.cc/KxrRLn

2 3C的使用，可以分成「娛樂使用」與「工具使用」。娛樂使用，打電動、看影片、社群平台（Facebook、IG、TikTok）、同學在群組裡聊天……等，請約束孩子的使用時間。孩子年幼，由我們控管，青春期了，共同討論出適度的規範。而成爲工具上的使用，網路搜尋、影片剪輯、圖片編輯、程式研究……等，請多額外開放使用的時間，不在「娛樂使用」的規範內。因爲，網路世代孩子的技能，是懂得如何把3C變成技能的工具。

Chapter 8

回溯過往

當孩子對於某些事情，反應特別大、很容易有情緒、想法很糾結，可能是跟過去經驗有關，而這個經驗在事發當時並未被完善處理，並在他心中打了結，如果我們發現了卻沒打開，就必須回溯到過往的那個事件中，共同去面對。

1.回溯，與過往的我們和解

先前不斷提到一個觀念，每個人在當下對於同一事件的反應、想法與感受，都不盡相同。例如，一句中性的話語「我愛你」，不同的人聽到會有不同的反應，「我也愛你」的眞心、「怎麼了嗎？」的疑惑、「你又買了什麼東西嗎？」的質疑。至於爲何會有這些反應、想法與感受呢？通常是從過往未處理的事情所累積的。

當孩子對於某些事情，反應特別大、很容易有情緒、想法很糾結，也就是俗稱的「地雷」，可能是跟過去曾經發生過的事情有關，而這些事情在當時並未被完善的處理，於是，在未來如同情結般的存在，很容易失去理性，滿是情緒。就像是，在他的過去事件中打了一個結，現在的我們發現打不開，必須要回溯到過往的那個事件中，共同去面對這個結。**心結開了，地雷被拆除了，孩子也不會繼續糾結於此了**。

李崇建老師與學思達團隊共著的《薩提爾的縱深對話》裡提到：「回溯就是過去

經歷的那件事，對於現在影響的關聯性。」

手足議題的回溯過往

「姊姊總覺得我比較疼妹妹，我要怎麼跟她說？」有位媽媽問我這個問題。

「您是怎麼說的呢？」我依照慣例先詢問她的作法。

「我說『哪有！』然後，姊姊就指責我『明明就有』。」媽媽回。

「姊姊生氣了，那妳又是怎麼對她說的呢？」我再問。

「那妳講啊，我怎麼偏心了？」媽媽要孩子舉例。

「孩子有說嗎？」

「她說我都比較照顧妹妹，不理她。妹妹要買什麼都可以，她買就不行。」

「然後呢？您是怎麼回的？」

「我就說，她還小啊，比較需要我們的照顧。不然妳幫我照顧她啊，這樣我就可以多陪妳啦。」媽媽是用解釋的說法。

「姊姊聽了，有接受嗎？」

「當然沒有啊，更生氣地反駁我。」媽媽沮喪地說。

此時，我邀請這位媽媽與我角色互換，她當姊姊，而我是媽媽，試試看除了解釋之外，還能怎麼說?!

「姊姊，妳覺得我比較疼妹妹，有嗎？」我先來開頭。

「有，媽媽比較疼妹妹。」

「媽媽有做過什麼事情？或是說過什麼話？讓妳有這種感覺呢？」（好奇過往的事件）我沒有說「哪有」來否認，而是先詢問孩子的想法。

「媽媽都比較照顧妹妹，常常不理我。」

「是喔，發生的時候，妳很難過嗎？」（好奇過往的感受）

「嗯，我很難過。」

「媽媽都不知道妳有這麼難過，難怪妳會有這樣的想法。」（體會她的感受）我接著問，「姊姊，先前有發生類似這樣，讓妳難過的事情嗎？」（回溯過往）詢問孩子心中的結是何時開始產生的。

「有一次，我想要妳唸故事書，妳說在照顧妹妹，要我等一下，結果都沒唸。」

「是喔，讓妳這麼難過跟失望，媽媽感到很抱歉，也有些自責。可能是因爲照顧妹妹到太晚，必須睡覺了，所以才沒唸給妳聽，媽媽是不願意這樣的。來～媽媽抱抱。」（連結彼此的情感）我緩了一下，才繼續問：「妳提到了這件事時，還有生媽媽的氣嗎？」（好奇現在的感受）

「嗯，原本有，但是現在還好了。」

「那就好，媽媽之後會注意的，好嘛！」我頓了一下說，「等一下，如果妳想要聽故事書，但是，我又必須照顧妹妹時，妳覺得該怎麼辦呢？」（討論出雙贏辦法／思考後果的反問）

「我不知道。」

「媽媽想了一些辦法，像是，照顧妹妹前，我先提早唸給妳聽‧或者是今天沒唸到，明天有空時，我們唸兩本，妳覺得哪一個方法比較好？」（討論出雙贏辦法／先設定框架再選擇）

「唸兩本的好了。」

「ＯＫ～我們打勾勾。媽媽還是想要再跟妳說聲抱歉，讓妳有我比較疼妹妹的感覺，也謝謝妳告訴我，這樣我才能知道，再與妳一起想辦法和討論。請妳相信，我很愛妳們兩個的，沒有比較疼哪一個。」（連結彼此的情感）可以的話，再附上一個緊緊的溫暖擁抱。

「媽媽，如果妳是姊姊的話，妳聽完這段對話的感覺是什麼？」模擬對話結束，我問問這位媽媽的想法。

「覺得很窩心，覺得媽媽一樣愛我。」這位媽媽邊說邊沉思剛剛的對話過程。

我在演講中，最常在對話裡需要用到回溯過往的狀況，就是手足議題了。

■有位爸爸覺得姊姊很愛計較，只要跟妹妹有關的事情都要吵。回溯過往後，姊姊最記得的事情是，很羨慕爸爸在上學與放學時會幫妹妹提書包，因爲之前爸媽都規定姊姊自己做，而現在妹妹都可以不用。

■有個哥哥很愛跟妹妹爭，甚至會偷偷打妹妹。回溯過往後，哥哥印象中最生氣爸媽的地方是妹妹出生之後，就把哥哥送到幼稚園了，還記得媽媽跟他說：「沒辦法啊，妹妹出生了，媽媽不能再照顧你了。」也有著媽媽以前都會打自己，但是都不會打妹妹的印象。

面對過往的結，我們要做的是和解

當孩子的言語有些「指責」的攻擊性時，像是「不公平、偏心」「你們不愛我。」「如果他（手足）不要出生就好了。」……等，我們很容易急著「解釋」，這是很正常的，因為我們彷彿被責怪了，不自覺的有了反抗的辯駁舉動。然而，如果這些過往事件造成孩子的傷害與影響是很大的，解釋的辯駁行為，不會讓心結打開，只會讓孩子的內心越來越不滿。更糟糕的是，如果有些爸媽也用指責回去的方式來回應，「當時還不都是你……」「那個時候要怪你……」，反而造成孩子內心的二度傷害，而且保證不會再提這些過往了。

我有一位朋友，曾經在叛逆期頂撞爸爸，爸爸一氣之下，拿著手邊的東西砸向他，傷到了他的臉。長大後，有次在家庭聚會時閒聊，家人不知為何突然提起當年之事，我朋友聽了，雖然面帶輕鬆的說：「對啊，我當時還受傷了呢。」實則心跳加速，莫名焦躁，不知道爸爸要講什麼，甚至有點期待爸爸會不會跟他道歉呢？結果，爸爸可能自認有錯，感到尷尬，只講了「誰叫你當時那麼叛逆。」輕輕的帶過，轉到別的話題，我朋友對於爸爸的反應，在當下有些許的生氣。他後來跟我說：「這件事情原本以爲我忘了，沒想到一經提起，腦中瞬間湧出當時的景象，每個畫面都好清楚。其實，他只要跟我說一聲『不好意思』就好，我就會沒事了。」

未處理的事件，可能是種傷痛，所以，對於解開過往之結的唯一方法，就是「和解」。和解，是跳脫面子、輸贏、身分與權威，單純傳達出「我很愛你、重視你與在乎你」的情感。

回溯過往的問話

當孩子的過往地雷被炸開的時候，相信他的外在行爲，一定會有徵兆，暴怒失控、淚流不止、哽咽到說不出話來。還有，他說出口的話，也會有線索的存在，在於我們有沒有敏感度去做觀察。最常聽到的關鍵字眼，就是「每次」或「總是」這類感覺上是累積已久的。

有次青少年的工作坊，蕙如是參加的學員，國二生，她述說著最近與媽媽的衝突。她的書包破了，媽媽認為只要去學校再買一個就好了，錢也給她了，但卻遲遲不去換。後來，媽媽自行替她買了新的，還把破的給丟了，結果女兒非常的生氣，好幾天了都不肯原諒媽媽，媽媽百思不得其解，認為這不過是件小事，而且是蕙如拖拖拉拉在先，搞不懂為何她會如此的亂發脾氣。

「蕙如，媽媽幫妳做了這件事情，妳好生氣喔，妳在生氣什麼呢？」（以感受為出發點）我問。

「她幹嘛每次都這樣。」蕙如說。

「妳指的『這樣』是怎麼樣呢？媽媽的哪一個行為，讓妳這麼生氣？」（好奇現在的想法）我聽到了『每次』二字，認為應該是與過往事件有關。

「她總是這樣，沒有問我，就直接幫我做。」

「謝謝妳告訴我。剛剛妳說了『每次』，所以，媽媽有這樣很多次嗎？」（好奇過去的事件）我覺察到她也說了『總是』二字。

「對！很多次。」

「媽媽從什麼時候開始，讓妳有這樣的感覺呢？」（回溯過往）

「從小就這樣了。」她開始有些氣憤的情緒。

「妳印象最深的是哪一次呢？」（好奇過往的事件）

「有一次我最生氣，是我小六的時候……」

原來，那一次蕙如答應要整理房間，過了好幾天都沒做，媽媽趁著蕙如上課的時間，自行替她整理了，結果還丟掉了許多珍貴的小物品。蕙如知道了非常生氣，也講了一些責備的話，而媽媽沒有道歉，解釋自己的好心之外，反過來指責蕙如的懶散與骯髒，因此，在蕙如的內心埋下了心結。

「當媽媽沒有問妳，就直接幫妳整理了，讓妳有什麼樣的感覺或想法呢？」（好奇過往的感受／想法）我問。

「我覺得她都不信任我，她一定是覺得我都做不好，所以才會這樣。」蕙如說出了她的內在需求。我後續也建議了蕙如媽媽要從「信任」這點來做表達與連結。

如果我覺察到孩子當下的想法、情緒與反應，可能與過往未處理的事件有關，要「回溯過往」來探索與了解有此「心結」的成因時，比較常用的問話有下面三種語句：

「曾經有發生類似的事情/想法/感受嗎？」

「從什麼時候開始有這樣的想法/感受？」

「哪一次讓你到現在都還記得？那次發生了什麼事呢？」（回應「每次」或「總是」）

孩子之所以會記得，肯定在當時內心有著很大的衝擊。雖然平時沒有展露出來，但不代表沒事，只是埋藏在深處，不知道何時會爆發。我們問了，他願意說，請用「好奇的客觀提問」[1]來了解細節，以及以「連結彼此情感」的方式來做和解。

如果他回答「不記得」「忘記了」「我不想說」，請學會放下，告訴自己，他不說也沒有關係。可能是他的印象模糊，或是我們的關係還不夠緊密，讓他有所抗拒而不願意說。**記得，不辯解、不指責、不強求**，可以這樣回應：「我感覺到你很生氣，會問之前的事情，是因爲我關心你，想要了解你怎麼會有這樣的想法。如果你有想到，但是不想跟我說，沒有關係。我想讓你知道的是，只要你願意跟我講，我一定會聽，陪著你一起面對的，如果有我不對的地方，我願意跟你道歉。」**請傳達出自我的真實情感，並等待孩子開口的心意**。

要注意的是，如果覺察到可能會觸碰到他不願被攤開的重大傷痛，請不要輕易地挖掘過往，因爲，我們或許還沒有能力去撫平創傷。尋找專業的心理師來協助，是選項之一。

我們是會犯錯的父母

我們都是平凡的父母，也是會犯錯的人。我與孩子的平時對話裡，如果發現他的心中有未處理的結，曾經我可能犯過錯，讓他們記到現在，我都會溫和的詢問：

「爸爸曾經有對你講過類似的話嗎？」

「你有因爲同樣的事情在生爸爸的氣嗎？」

「你從什麼時候開始這樣認爲的呢？」

只要他們有跟我說，我都會先正向回饋「謝謝你願意告訴我。」因爲，他會願意把心中的結跟我講，也表示他對我的安心。然後，做出和解的表達。如果有認知到的確是有我不對的地方，也會做出眞誠的道歉，來化解我在他心中所累積的心結。

我們不願意犯錯，但的確是個會犯錯的父母。**放下面子與權威，回溯過往，真摯與坦然的面對**。孩子在原生家庭裡，所產生的心結越少、內心的冰山越純淨，心中的糾結越少，**他的未來才不會總是活在陰影裡**。

註解

1〈好奇的客觀提問〉篇章裡的「好奇過去的事件／想法／感受／與人的互動」與這邊寫的「回溯過往」的差異性，在於假設我們現在對話的是A事件，過去的事件，在時間軸上是爲同一事件（A），例如：過去在學校發生了，現在回到家跟爸媽說當時的過程。回溯過往的事件，是不同的事件（B），而且B事件是造成A事件的可能成因。

Chapter 9

點燃改變的動機

希望孩子的某個行為，是由他自己發自內心願意嘗試改變，最為有效的方法就是觸動與激發他自身的內在動機。因為，內在動機是一個人行動的燃料器與動力，較能持之以恆，不太容易為了單次的失敗而輕言放棄。

1. 讓孩子看到內心眞實的自己

平時的講座邀約，我在〈培養孩子主動學習〉的講題中，會提出一個問題來詢問家長們，正在看書的你也可以想一想。身爲大人的我們，能夠擁有金錢與時間的支配權，請問「有什麼原因能讓我們願意主動學習呢？」

答案可能百百種，扣除掉外在因素的被動，歸納來看，**只有與「熱愛」與「需要」相關的內在動機，能讓我們排除萬難的主動去做**。

希望孩子的某個行爲，是由他自己發自內心願意嘗試改變，最爲有效的方法就是觸動與激發他自身的內在動機。因爲，內在動機是一個人行動的燃料器與動力，較能持之以恆，不太容易爲了單次的失敗而輕言放棄。

點燃內在動機的方法之一，是「讓孩子看到內心最眞實的自己」。

喜歡這樣的自己嗎？

小偉是我朋友的小孩，小學五年級，會來跟我對談的起因，是因爲他爸爸覺得他上了五年級之後，很愛講髒話，連在家裡都會不小心說出口，在學校更是偶爾會被老師糾正。罵了、處罰了都沒用，由於讀了我的文章，想說找我來試試與孩子對話，看看能不能有幫助。我跟朋友確認：「可以，但是要孩子自己是願意的才行。」可能是因爲小偉見過我數次，不會感到陌生，於是，答應了這場對談。

「小偉，爸爸說你上小五之後，講髒話的次數有變多，你自己有這樣覺得嗎？」我問。

「嗯，有。」小偉點點頭。

「你覺得最常講髒話的時候，是在什麼狀況？」（好奇過去的事件）

「在學校，與同學在一起的時候吧。」

「在跟同學相處時，講出髒話的感受是什麼呢？」（好奇過去的感受／以感受為出發點）

「嗯……很開心囉。」他想了一下。

「這個開心是什麼？」（順著話來反問）我再深入點問。

「開心……開心跟同學很融入的感覺。」

「你小五之前很常講髒話嗎？」（好奇過去的事件）我有點好奇。

「不太會。」

「不講髒話的時候，跟同學的相處有問題嗎？」（好奇過去與他人的互動）

「還好，沒有什麼問題。」

「叔叔好奇喔，有發生過什麼事情，讓你覺得必須要講髒話才能夠融入同學之間嗎？」（回溯過往）

小偉突然沉默了，我靜靜地等他。此時，他的眼眶默默地泛了淚水。

「小偉，你還好嗎？想到了什麼事情，讓你流淚了呢？」（好奇過往的事件／試著描述當時情境）我察覺到他的身體反應，開口詢問。

「我有一個好朋友（A同學），從以前就跟他很要好，但是上了五年級之後，不知為何有時我們有點疏離，而且他跟另一個同學（B同學）走很近。」他頓了一下，再繼續講「有一次下課，我看到他跟B同學聊得很開心，他們兩個時常這樣，說話不時會帶著髒話。我想參與，走過去問『你們在講什麼？』但是B同學卻笑我，嗆說：『走開啦，跟你說，你也聽不懂啦！』然後，他們就笑著離開了。」小偉流著淚，大致地述說出了這段過往，我邊聽著邊安撫他的情緒。

「那個時候，你很難過嗎？」（好奇過往的感受）我關心他的心情。

「嗯，很難過，也很生氣。」

「所以，你的難過是A同學與你的疏遠，生氣B同學嗆你。而且也羨慕B同學跟A走得很近。於是，開始學他們在講話時插入一些髒話，覺得顯得是一夥的，是這樣嗎？」（重複他的話來核對）我確認小偉的想法。

「嗯。」他點點頭。

「小偉。」輕聲呼喊了他，再稍稍做了停頓，溫和地看著他，問道：「你喜歡這樣的自己嗎？爲了迎合同學而說髒話的自己。」（讓孩子看到內心真實的自己）我反問他對自己的觀感。

「嗯……不喜歡。」小偉想了一想，回道。

「你跟A同學的關係有因此變更好嗎？」

「單獨相處時，沒差。但是跟A和B同學三人一起時，會有融入的感覺。」

「叔叔聽起來，A同學似乎不太在意你是否要說髒話耶。況且，要靠說髒話才能相處，這是好朋友嗎？」我停頓了一下，讓他想一想，再繼續問：「你想要與B同學成爲好朋友嗎？」（好奇現在的想法／與他人的互動）

「還好。」他想了一下。

「如果還好的話，只是因爲B同學的嗆聲，然後，讓你變得都不喜歡自己了，請問，你覺得值得嗎？」（好奇現在的想法）

「你覺得A同學期待與眞實的你做朋友，還是僞裝的你做朋友呢？」（好奇現在與他人的互動）

「應該是眞實的我吧。」

「小偉，你願意不再說髒話，以最眞實的你來跟A同學相處嗎？」（好奇未來的想法／與他人的互動）

「好。我試試看。」

「小偉，謝謝你願意嘗試。不過，當A與B同學在一起相處時，你搞不好還是會羨慕，怎麼辦？」（思考後果的反問）

「嗯……無所謂吧，隨他怎麼嗆。跟叔叔聊完之後，感覺沒有那麼在意了。」小偉有點釋懷的感覺。

談完後，小偉的爸爸一直稱讚我好厲害，問是用了什麼魔法。老實說，真的沒有魔法，只是**透過對話，讓小偉看到了自己最真實的自己、挖掘內心的價值，以及心中對朋友如實的期待**。

讓迷惘的孩子看到自己

有一次擔任諮商心理師鐘穎老師的新書《故事裡的心理學》發表會的主持人，我記得鐘穎老師說了一句話，他說：「輔導過了這麼多的孩子，從未見過一個孩子在犯錯中不曾迷惘的。」

帶小抄的孩子知道作弊是不對的、打架的孩子知道傷害人是不好的、沉迷於電玩的孩子對於虛度光陰是不安的。既然如此，爲何依然深陷泥沼之中而無法自拔呢？相信其背後有著某些原因或故事，驅使著他明知是錯誤的卻埋頭繼續。

有能力來挖掘這些原因與故事的是我們大人，只是，有時連孩子最親近的爸媽都不一定能了解，反倒習慣用外在動機（金錢、手機、打罵、無關聯性的剝奪）的方式來獎勵或處罰孩子。可惜，當孩子的內心沒有碰觸到心靈深處的連結，沒有看到最眞實的本質，導致連他本人都看不清自己了，不明白要的到底是什麼，這些獎勵與處罰往往只有治標而沒治到根本。

「你是怎麼看待這樣的自己呢？」

「你喜歡／欣賞這樣的自己嗎？」

是讓孩子連結到內心，試著純粹看看最如實的自己的問話。

不過，請不要隨意在對話中問出這句話，如果問的方式不對，語氣是凶的、姿態是高傲的、語調是急促的、前面的談話是在罵人，這句話很容易被視爲是質問或挑釁，然後，本能的做出逃避（不回話、說不知道）或反抗（辯解、找理由）的應對。

問出這句話的前面，需要引導的對話，**感受到彼此的關係是互信的、真誠的、坦然的，才能夠以這句話來問孩子**。當他願意撥開複雜的思緒，重新面對了最赤裸的自己，也認知到了心中的渴望。此時，無需獎勵與處罰，也會願意嘗試改變。

倘若孩子的改變沒有達到我們的期許、起起伏伏，甚至有了失敗，我們要學習接納這樣的他。一座高山，是一步一步慢慢登上去的，沒有電梯，也沒有直升機，登山的路途中，會累、會喘、會想放棄，都是正常的。**當孩子有感覺到被爸媽接納了，才會擁有再次挑戰的勇氣。**

2. 引領發現恐懼背後的美好

多年前，萌生要從上班族轉職擔任親職教育講師的念頭時，內心相當的害怕與恐懼。從小只要順順的照著制度走，專注於念書、考高分、把前段班的學校視爲目標，不用什麼太大的冒險，最大的挫敗頂多是考試考不好，所以，這個跳脫舒適圈的念頭，著實讓我思考許久。在舒適圈內的挫敗，是可以預見的，而在圈外的冒險，是我從未有過的體驗，也因爲這個未知，讓我明知道遠方有著憧憬的亮光，卻因前方雜草叢生的恐懼感，躊躇不前。

恐懼，能把心中所期望的希望與美好給掩埋，產生退意。

藏在恐懼的背後

有位媽媽趁著演講後來問我，說她小二的兒子，之前很喜歡參加課後社團的籃球，媽媽也認爲多運動是好事，但是，這一個學期，他卻不斷地找理由不想上課，硬帶去上課，還會崩潰大哭，不知道怎麼了？

正好孩子就在旁邊，媽媽請我可否跟他聊聊，表示有先詢問過他，是願意的。

「你叫瑞昱，是嗎？」我蹲了下來，媽媽在旁跟我說他的名字。

「嗯。」他點點頭。

「媽媽說，你之前喜歡上籃球課，但是現在卻有點不想去上了，有嗎？」（好奇過去的事件）

「嗯。」瑞昱想了想，微微地點點頭。

「按照媽媽的描述，你知道從喜歡上到不想去上課的原因是什麼嗎？」（好奇過去的想法）

「……」他沒出聲，只有聳聳肩。

「你覺得跟什麼有關？是因爲打籃球變難了呢？還是，跟籃球課的人有關？」（有範圍的選擇題）

「人。」

「讓你有點不想去上的人，是同學？還是教練呢？」（有範圍的選擇題）

「是教練。」

「教練什麼事情，讓你不想去呢？」（好奇過去的事件）

「教練很凶。」

「因爲教練上課的時候，對你們是凶的，讓你感到害怕了，是嗎？」（好奇過去的感受／翻譯孩子內心的話語）

「對。」他點點頭。

「你之前是喜歡上的，所以，是有換教練嗎？還是，教練最近變凶了？」（好奇過去的事件／有範圍的選擇題）

「他一直都很凶。」

「既然他一直都是凶的，怎麼你之前是喜歡上課的呢？」（好奇過去的事件）

「他都是凶別人，沒有凶我。」

「所以，你會害怕教練，是因爲他曾經有凶過你嗎？」（重複孩子的話來核對）

「對。」

「發生了什麼事，讓你被教練凶了？」（回溯過往）

「那一次我運球……」瑞昱簡單地描述了當時的情境，媽媽在一旁不可置信的模樣說：「你怎麼沒有跟我說？」

「當時被吼了，的確會感到很害怕的，你現在願意講出來，實在是好勇敢喔。」（體會他的感受）我繼續問：「叔叔問你，你當時會想要加入籃球社的原因是什麼呢？」（好奇過去的想法）

「因爲我喜歡打籃球。」

「你現在依然喜歡打籃球嗎？」（好奇現在的想法）

「喜歡。」他點點頭。

「你覺得打籃球最快樂的事情是什麼嗎？」（好奇現在的事件）

「跟好朋友一起打。」

「你的好朋友，這學期也有打嗎？」（好奇現在的事件）

「他有打。」

「如果因爲害怕教練而不去上課，而無法跟好朋友一起打籃球了，怎麼辦呢？」

（思考後果的反問）

「嗯……我不知道。」他想了想，有點困惑的模樣。

「你眞的很喜歡跟好朋友一起打籃球嗎？」（好奇現在的想法）我看到他的遲疑，再次把重點聚焦在放大他心中所嚮往的美好。

「喜歡。」他以堅定的語氣回答。

「既然是喜歡的，我們還是試著上課，好嗎？」瑞昱點了點頭，我接著說：「教練的話，我請媽媽陪你一起想辦法，看看怎麼做。讓媽媽跟教練聊一聊呢？或是，在練球的時候，盡量做到不被教練吼，好嗎？」（討論出雙贏辦法）

「好。」他的眼神似乎變得比較肯定了。

「瑞昱，叔叔知道你是害怕的，所以才會崩潰大哭。你可以害怕，但是，叔叔更相信你能夠鼓起勇氣來面對教練的，因爲有好朋友在等你喔，試試看，好嗎?!」

對於期待事物的美好嚮往，也是我們產生內在動機而擁有動力的一種方式，像是，想要交女朋友而運動減肥、希望升職而考取證照。然而，如果美好事物的前方完全被害怕與恐懼給遮蔽了，眼前只見一堵牆，根本看不到後面，如同瑞昱對籃球的喜愛，被教練的凶給遮住了。心裡只有恐懼，反抗與逃避的心態跟著到來。

有孩子不喜歡參與競賽，是因為害怕輸的感覺。
有孩子不願意參加營隊，是因為恐懼與陌生人交際。
有孩子不想要積極投入，是因為不想面對沒有結果的失落。

我後來轉職從事親職教育之後，才發現恐懼是自己的不安所產生的。其實，跳脫舒適圈也沒有那麼可怕，當時在腦中所想像的糟糕假設，全都沒有發生，只是自己在嚇自己罷了。既然，我們會如此，孩子也會如此，甚至會比我們還更有想像力。

唯有縮小這層恐懼，孩子才會發現，原來把美好的期待遺忘在後面了。我們**引領他放大心中的美好、專注於回到原本的喜愛，對抗恐懼的勇氣才會產生。**

而縮小恐懼的方法，是「正視恐懼的存在」。

縮小心中的恐懼

「這沒什麼好怕的啦！」「不用擔心。」這些言語好像很正向，其實是假裝看不到的逃避。如同挖一個洞，把這些不願意面對的情緒給埋起來，眼不見為淨，卻改變不了它就是存在的事實，躲在心中的某個深處，影響依然很大，不時地跑出來干擾我們。所以，這些話，對於縮小恐懼是不太有實際效用的。

「你可以害怕……」這句話是正視恐懼的意思，我知道它在這，我也知道它正在影響著我，我願意去關注它、審視它、觸碰它。當我們願意正視了，才會接納不足的自己，對抗它的勇氣才會油然而生。勇氣一來，擋在我們面前的恐懼，便會緩緩地慢慢縮小。

我在網路上看到一句很棒的話，**「勇敢不是不害怕，而是害怕的時候，你還能堅持去做」**。只要我們願意去面對，恐懼依然是存在著，只是對我們的影響變小了。

孩子不知道該如何正視恐懼，他需要我們的引領。「**我知道你是害怕的，你可以害怕，我更相信你有勇氣來面對。**」此句涵蓋著理解、接納與相信。這句話眞的好棒，請多跟孩子說。

3. 連到內心對彼此的愛

讓一個人願意主動做出改變的，是因爲愛。

一個抽菸很多年的男人，下定決心戒菸，可能是爲了健康（愛自己）、爲了老婆（愛他人）、爲了孩子（愛家庭）。然而，若要以愛爲出發點的改變，必須先感受到被愛。這份愛，是接納、是關懷、是包容、是理解，認爲自己是有價值的存在。

假設老公每次一抽菸，老婆露出厭惡的神情，捏著鼻子說：「臭死了，你要害自己，也不要拖我們下水，到外面抽啦。」他內心可能會感到生氣、難過或沮喪，認爲自己在家中的地位低落，心中湧出「我工作這麼辛苦，還不是爲了這個家，抽個菸還被嫌。」之類不被理解的想法與感受。

若是換另一個方式，老婆對老公說：「怎麼又想要抽菸？是最近心情不好嗎？你現在的工作眞的很辛苦，抽菸放鬆一下也沒關係，只是你這幾天似乎抽得有點多，我有些擔心你的健康。老公，你對我而言，眞的很重要，如果你覺得壓力大，我們一起趁假日的時候去運動，慢慢的把菸給戒了，好不好？」孩子也在一旁說：「爸爸，我想要你陪我好久好久，可不可以不要再抽菸了？」你們認爲，這位爸爸聽了的感受是什麼？內在驅使他願意下定決心戒菸的動力，是否開始在轉動了呢？

願意改變的動機是愛

凱榮是個十歲的男生，每隔幾週要回阿嬤家，但是，長大後，不太喜歡對阿嬤打招呼，有時說話還會不禮貌，糾正過很多次，每次都說知道，但還是再犯。他爸爸是我的遠房親戚，趁著一次家族聚會帶著凱榮來問我。

我直接與凱榮對話，從感受爲出發點的好奇提問得知，他面對阿嬤時是煩躁的，而煩躁的背後的想法是「阿嬤又要碎唸了」。

「阿嬤比較常唸你的是什麼事啊？」（回溯過往）

「很多事，唸我不打招呼、太瘦、功課不好。」

「你最在意的是什麼呢？」（回溯過往）

「說我太瘦吧。」

「阿嬤是怎麼講的呢？」（好奇過往的事件）

「說我這樣長得不好看，還說一定是我挑食、愛吃零食才會這樣。」

「聽到這些話，應該會生氣吧?!」（好奇過往的感受）

「對啊，我又沒有那樣，我明明就很努力在吃了，阿嬤什麼都不知道還亂講。」

「所以，你被唸了那些話，也感到很委屈囉。」（好奇過往的感受）我覺察到除了生氣之外還有委屈的感受。

「嗯……是有一點。」感受到他話語中的哽咽。

「既然有委屈了，有試著跟阿嬤解釋嗎？」（好奇過往的事件）

「沒有，因爲講了也沒用。」他搖搖頭。

「所以，你有講過囉？」（好奇過往的事件）

「是爸爸有幫我說話，但阿嬤還是每次遇到都會唸。」

「既然爸爸有替你講了，你對阿嬤的煩躁有小一點點嗎？」（好奇過往的感受）

如果他有感受到爸爸是站在同一陣線的，反抗的情緒應該會小一點。

「沒有，因爲爸爸之後會更凶的罵我跟提醒我。」

原來，凱榮行爲背後的原因不僅是阿嬤，還有爸爸。我理解到他內在的情緒流動，爲何會像雪球般的越滾越大，從一開始被碎唸的委屈與生氣，變成了想要逃開的煩躁，再加上爸爸後續指責的累積，使得凱榮的內心越來越反抗。

我把凱榮講的內容，跟他爸爸說了。也照顧一下凱榮爸爸的心情，我猜測爸爸用生氣的方式來指責，多半也帶著不希望被認爲是沒有在教孩子的自責吧。待凱榮爸爸比較能理解後，我邀請他做角色互換，他成爲凱榮，我成爲爸爸，以爸爸的角度試試看還能夠怎麼說。

「凱榮。」我停頓了一下，呼喚他的名字，「剛剛澤爸叔叔跟我講了，所以，阿嬤唸你的時候，你感到很委屈，是嗎？」（重複他的話來核對）

「是。」爸爸扮演的凱榮回。

「你會委屈，是因爲你其實有在努力地吃，沒有在挑食，你也不想要這麼瘦的，但是，卻還要被阿嬤每次唸，是嗎？」（重複他的話來核對）

「對。」

「凱榮，對不起喔，爸爸從小被教導要對長輩有禮貌，所以，看到你沒有打招呼，說話沒禮貌，爸爸就有點生氣了。爸爸之前不了解你的心情，還在回家的路上罵你，這是爸爸的不對，我應該要處理好自己的情緒，不要對你凶，你願意原諒爸爸嗎？」（連結彼此的情感／與過往和解）

「好。」

「凱榮，謝謝你。」我再稍稍地停頓了一下，要回到凱榮與阿嬤之間的連結了，接著說：「爸爸想要問的是，你覺得阿嬤會唸你太瘦，是討厭你？還是心疼你呢？」

（有範圍的選擇題）

「應該是心疼我吧。」

「阿嬤還有做什麼事情，讓你認爲是心疼的呢？」（好奇過往的事件）我猜測如果只有碎唸，而沒有其他的行爲，應該不會有這樣的認知。

「我每次回去的時候，阿嬤會特地買我喜歡吃的東西。」

「喔，原來如此，我也認爲阿嬤是心疼你的。會唸你太瘦，是希望你可以健健康康，看到你健康的長大，阿嬤是很開心。」我又說：「只是，阿嬤的表達方式是你不喜歡的，爸爸也能明白。阿嬤的年紀大了，要她改變是件很難的事情。當阿嬤碎唸你的時候，你是可以煩躁的。煩躁了，你不用假裝有禮貌，至少讓阿嬤感受你是有回應的就好，揮個手、點點頭、講一聲『好』都行，你認爲可以試試看嗎？如果不願意，爸爸是可以接受的，我們再一起來想別的辦法，好嗎？」（連結彼此的情感／討論出雙贏辦法）

「是可以啦，只是，擔心阿嬤繼續唸的話，我會忍不住。」

「凱榮，謝謝你有細心地考慮後續。如果你感覺快要爆炸了，你給我使個眼色，或叫我一聲，我去跟阿嬤聊天，轉移她的注意力，怎麼樣？」（討論出雙贏辦法）

「好。」

「我們下次回阿嬤家的時候，試試看。如果沒有成功，也沒有關係，爸爸依然謝謝你願意嘗試，我們再慢慢來就可以了。」再接著說：「凱榮，爸爸也要謝謝你，即使會煩躁，還願意跟我回阿嬤家，我是很感動的．而且，你知道的，阿嬤看到你都好開心喔。」

我詢問凱榮爸爸對話完的感覺是什麼？他說：「明白到不打招呼不是一個很嚴重的錯誤。而且，有感覺到你對我的包容與理解。你剛剛所說的話，讓我的心能夠靜得下來，停止總是怪別人，重新檢視自己。」

孩子的煩躁還是有的，只是煩躁的情緒被接納了。他討厭被唸的想法也是存在的，只是這個想法被包容與理解了。同時，他有感受到是被爸爸認可的，即便離大人的期望還有段距離，但是，不再只是一個不斷犯錯、一直被罵的孩子。而且，有認知到回到阿嬤家是有意義的，是有被疼愛的。以上的種種，都是促成孩子願意嘗試改變的原因。

有價值的回應是「有效稱讚」

一個人的自我價值感，來自於被認同與作出貢獻。

凡事被罵、被唸的孩子，成天遭受到負面言語的攻擊，「你眞的很不專心。」「你有夠粗心的。」「你實在是很調皮耶！」內心的價值感就會逐漸地低落，因爲，他會認爲他的付出沒有做出貢獻，也沒有從最重要的人身上獲得肯定。

在諮商心理師陳志恆的著作《正向聚焦》中有說道：「一個人的行爲，不會永遠一成不變。而且，行爲是波動的。」例如，我們期望下午四點放學的孩子，能在六點前把功課寫完，他卻總是拖拖拉拉，而且完成的時間不會是固定的，有時九點或八點，如果有一天是在七點，雖然沒有達到我們的期望，卻已是在他過往行爲波段中的高點。此時，我們可以在孩子行爲的相對高點時，給予正向的回應。

不要總是在孩子的行爲當中挑錯，而是要多看到他的好，即使這個好是微小的。

給予孩子價值感的稱讚，有四個要素：

1事實的客觀陳述

2父母的感受

3孩子的內在特質

4謝謝他的付出

「你寫功課有時會到九點才寫完，今天居然提早到七點就完成了，爸爸有些驚喜，也很替你開心。你能夠提早也表示你在專注力上有提升，謝謝你願意主動面對煩人的功課了。」雖然孩子寫完的時間，依然低於爸媽的預期，但是，我們肯定的是孩子從九點提早到七點的進步。**對孩子的稱讚，要以對他自己的比較為主**。

■「媽媽在忙的時候，你很貼心的來問我需不需要幫忙，實在感到很窩心。有你的幫忙，真的加速了做家事的速度，你是我最棒的小幫手，孩子，謝謝你的協助喔。」

■「你今天寫完功課，很自動的把所有作業都分類好一次拿給我，節省了我許多的時間。我看了內容，你寫得認眞又很仔細，眞的好棒喔，謝謝你越來越懂得爲自己的學習負責喔。」

當然，如果每次的稱讚都講這麼長，孩子也可能會不耐煩．我們可以把上述四個元素，任意取樣來搭配組合，兩個或三個都行，給予適度的肯定就好。但是，重點是，**「事實的客觀陳述」一定要包含在句子裡喔**，因爲，把經過詳細地說出來，**表達出「你的好，我都有看在眼裡」的意涵**，而其他的元素要怎麼排列，請自由發揮囉。

孩子在建構自我認同的時候，最渴望從爸媽的肯定中獲得認同，也是有效稱讚的重要性，即便沒有達到爸媽的期望，我們也能從中讚賞他，這才是眞正無條件的愛。

若是沒有從爸媽身上獲得認同，就會往外尋求認同，像是同儕或社會。所以，不要讓孩子感覺到自己永遠達不到爸媽的期望，而是要讓他知道：**「我對你的期望是我的事，你不用為我的期望負責。不管你做得如何，我都會看到你的好，給予肯定，並接納最如實的你。因為，你永遠是我最愛的孩子。」**

擁有過無條件的被愛，才會有無條件愛人的能力。

4. 讓孩子發現自己的價值

我一路都在與減肥爲伍，易胖體質，有時又難忍口腹之欲，最重時還飆到破百，後來爲了健康、家人，很努力地降回標準體重。只是，要維持是很辛苦的，數字時常高高低低，內心不免挫折，吃了甜食，充滿著後悔與自責，怪自己怎麼沒有定性，無法堅持。中間有一度還自暴自棄，騙自己吃一點也不會怎麼樣，安慰自己用衣服遮一遮也還好，然後，又一度回升到近百的數字。當時，眞的很沮喪。

我們很容易迷失在最終的結果，卻忽略掉曾經努力過的價值。

當時是怎麼辦到的呢？

有許多家長跟我反映，國中或高中的孩子，「突然」很不對勁，像是，原本很聽話，突然變得很叛逆；原本很用功，突然沉迷電動。一個人的行爲，不太容易有像懸崖式的高度落差，通常都是循序漸進或是高低小幅震盪。而家長們認爲的「突然」，可能是孩子在變化的過程中，沒有覺察到。如同一家股價一百多塊的股票，幾個月沒留意，再看的時候已經跌到十幾塊，它的跌幅不是突然的，是每天一點點的累積。而且，股價會跌肯定有原因，孩子會變也是有原因的。

學習跟減肥雷同，知道是重要的，但是過程漫長，很累又不太有趣，也容易被外界引誘。學習歷程往往也是微幅的高低起伏，如果有呈現大幅度的落差出現，應該要探究其背後的原因。

有場很特別的工作坊請我擔任講師，早上下午各一場，特別的地方是，早上是家長，下午是對應的孩子。嘉芳，高一生，是下午場來的孩子。她的爸媽在上午聽我演講完後，特地來接嘉芳，順道問我問題。他們表示，嘉芳以前是個很認眞學習的孩子，但是，現在完全不想讀書，考試都考得不理想，甚至連上課也都不想聽了，問我該怎麼辦才好？

應該是有過幾小時的相處，嘉芳是願意與我聊的，也先了解了一下嘉芳的學校，知道是該區域前段的高中。趁著講座結束的空檔，她的爸媽在旁，有了下述對話：

「嘉芳，妳覺得現在的課業量怎麼樣啊？」（好奇現在的想法）我問。

「很多，每天的功課都一大堆。」

「妳對著老師在上課的內容，還有寫功課的時候，是什麼感覺呢？」（好奇現在的感受）

「覺得很難，都不會寫，也聽不懂。」

「當老師在講的妳聽不懂、面對功課不會寫的時候，妳的感受是什麼呢？」（好奇現在的感受／以感受為出發點）

「我感到很挫折。」

「嘉芳，妳是怎麼看待挫折的妳呢？」（讓孩子看到真實的自己）

「我覺得自己很沒用。」嘉芳頓了一下才說了這句話，語氣中有了哽咽。

「妳所謂的沒用，是什麼意思呢？」（順著話來反問）

「我已經很努力在讀了，還是考得很爛。」

「妳說的很爛，是自己認爲分數不理想呢？還是跟同學有關？」（有範圍的選擇題）我猜想在競爭激烈的學校，同學之間的比較，容易影響到對自我的認同。所以，想了解她的認知是對自己呢？還是跟他人？

「我的好朋友們都考得很好，每次成績出來，落後他們很多。」

「當妳面對好朋友的成績時，心中的挫折感會更重嗎？」（好奇現在的感受）

「有。」她點點頭。

「嘉芳，謝謝妳願意告訴我這些。想必妳在這段過程中，一定很沮喪吧！」（體會她的感受）

嘉芳對學習的放棄，聽下來是來自於挫折，而挫折的來由，除了是對自己的期待沒有達到之外，還有跟好朋友之間的落差，使著她在學習上有著更大的挫敗感。

「嘉芳，澤爸問妳喔，妳的挫折從何時開始的？」（回溯過往）

「國三就有了。」嘉芳說。

「國三在課業上，妳就覺得有點難了，是嗎？」（重複她說的話來核對）我會想要核對的原因，是原本以爲挫折感是高中才有的，沒想到她的回答是國三。

「是。」

「妳在國三時的成績如何呢？」（好奇過往的事件）

「還可以。」

「既然妳在國三就覺得難了，卻能夠維持一定的成績，然後，考取到現在還不錯的高中，**妳當時是怎麼辦到的呢**？」（讓孩子發現自己的價值）

「雖然難，但是，還能夠找到方法讀下去。」

「妳是怎麼看待當時的國三的自己呢？」（讓孩子看到真實的自己）

「我覺得我很努力。」嘉芳可能是想到了當時的自己，眼眶有點微微的泛紅。

「嘉芳，**妳欣賞國三時那個努力的自己嗎**？」（讓孩子看到自己的價值）

「欣賞。」

「妳願意把當時的努力與堅持，放到現在來試試看嗎？」（好奇現在的想法）

「我不知道。」嘉芳沉默了一陣才回答，我也沒有催促，等著她的醞釀。

「不知道的意思是，妳擔心努力了，卻沒有得到理想的成績嗎？」（翻譯孩子內心的話語）

「對。」

「嘉芳，當然會擔心，妳是可以擔心的。澤爸相信，妳在國三時，有找到方法讀下去，現在的妳肯定也可以。」我接著說：「只是，課業變得更難了，方法可能要不一樣。當妳有點迷惘，找不到方向的時候，妳可以跟爸爸討論，好嗎？」（討論出雙贏辦法）

「好。」她點點頭。

「澤爸要謝謝妳願意爲了自己而嘗試。」我轉頭對著嘉芳的爸媽說：「嘉芳爸爸、嘉芳媽媽，你們願意陪著嘉芳一起努力嗎？」當孩子迷惘的時候，家人的支持與陪伴是相當重要的。

「當然。當然。」嘉芳爸爸有點激動地應答。

「嘉芳努力了，請你們多看她願意嘗試的勇氣，給予肯定與稱讚。不管有沒有辦到，成績是否進步，請讓她感受到你們的愛，她永遠是你們最棒的孩子，好嗎？」

這段對話，並不會幫到嘉芳的考試排名，也不會讓她的成績突飛猛進。而是**透過過往的成功經驗**，**重新看到自己的價值**，然後，再次補充勇氣與填滿動力，從沮喪中起來面對挫折，告訴自己「**曾經的我可以辦到，現在的我也可以。**」

自我價值來自於成長歷程

當我的體重又回到近百公斤的時候，眞的很沮喪，湧出自己怎麼如此沒用的念頭。當我覺察到了內心的自責，展開了自我對話，問了自己：「當時從破百的體重降到標準，我是怎麼辦到的呢？」我想到了那段過程的堅持、忍耐與努力，欣賞了那時的我，也給了現在的我極大的勇氣，相信著，我曾經辦到過，我也可以再次做到。

一件事情，如果需要長期的運作，像是，體重的維持、學習的態度、關係的經營、個人的情緒發展……等，我們都可以從成長歷程中看到自我的價值。這段歷程可以是：爬波上升的努力、維持在高點的自律、陷入於困境中的堅忍、從低變高的轉折，每個階段都能反映出自我價值的展現。

嘉芳在國三時，面對困難的學業，依然努力的考上理想高中。

「妳在國三就覺得難了，卻能夠維持一定的成績，考取現在還不錯的高中，**妳當時是怎麼辦到的呢**？」（爬波上升的努力）

澤澤在國一時，爲了想要長高，維持運動且拒絕甜食與炸物。

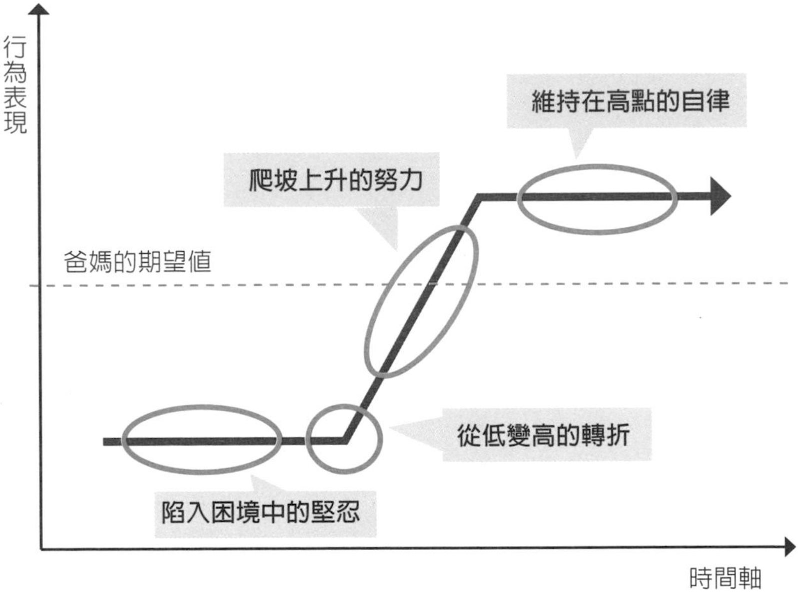

「兒子，有長高了十公分喔，這一年，**你是怎麼堅持下來的啊？**」（維持在高點的自律）

假設有孩子學直排輪的狀況不佳，常被教練責備，但卻依然學了好幾年。

「這段時間，**你是如何度過這段難熬的時刻，沒有選擇放棄呢？**」（陷入困境中的堅忍）

我們不能只看到蝴蝶的光鮮，也要看到毛毛蟲的沉潛、成蛹階段的醞釀、飛舞採蜜時的艱辛。每段歷程都有它的價值所在。沒有完全無用的成長，在於我們是用什麼角度來看待。當我們總能用正向的態度來引領孩子的各個歷程，他也會學習用正向的姿態來迎向未來的種種挑戰。

成長歷程，從低變高的轉折

大家有看過我寫的書籍或文章，能稍微地了解花寶的性格。只要她一有情緒了，多半會不表達，或是呈現對立面的狀態。例如，她在做手作時，我們提醒她等一下要洗碗，假設她當下有困難的步驟，已經很煩躁了，又聽到我們的提醒，情緒會整個起來，可能會把手作一扔，大喊「我不要做了啦！」、完全不回話，或是對著我說「我不要！等一下我不要洗碗了。」

有一次，小三的花寶正在看電視的時候，我提醒著等一下有哪些事情還沒做，要記得做。只見她的眉頭一皺，微微地深吐了一口氣，我知道她有點不耐煩了。原本以為她會像之前不回話或說「我不要做」之時，她居然控制住了情緒，按耐著情緒回答我：「我知道，看完電視我會先做什麼……，再做什麼……」，當下的我驚訝不已。

「女兒，妳剛剛在看電視，爸爸提醒後續要做的事，感覺上妳已經有點不耐煩了，有嗎？」我趁著睡覺前問她。

「有啊。」

「妳之前如果不耐煩了，可能會不回話，或是說不要。但是，妳剛剛是有耐性地好好回答我耶，妳有發現到嗎？」

「有啊。」她點點頭。

「妳好棒喔，**妳是怎麼做到的啊**？」（讓孩子發現自己的價值／從低變高的轉折）我帶著讚嘆的微笑。

「就告訴自己我要好好的跟爸爸說，因為，我不要再讓自己後悔了。」她緩緩地說出這句內心話。

「後悔什麼呢？」（順著話來反問）

「後悔……讓爸爸難過。」

「曾經有發生過，因為我難過了，而讓妳後悔的事嗎？」（回溯過往）

「就我那個時候，對你亂發脾氣……（描述當時的事件）……」她說的這件事，我也記得，當時還在摸索著如何應對她的情緒，試著對她如實與坦然的訴說內心感受，沒想到居然影響這麼深。

「爸爸聽了好感動，謝謝妳有想要關心我的難過。女兒，妳願意欣賞那個想要控制好情緒的自己嗎？」（讓孩子發現自己的價值）

「不要！」她搖搖頭。

「喔，是什麼原因不要？」（好奇現在的想法）

「因爲我剛剛還是有不耐煩。」

「女兒，我們有情緒是正常的，所以，妳是可以不耐煩的。而且，這一路走來，爸爸看到了妳的努力，想辦法去轉移情緒，發生的次數也的確越來越少了。女兒，關於情緒，妳就是個還在練習中的人，很多大人都做不到呢。剛剛能那樣的回答，已經非常棒了，所以，爸爸希望妳可以放過今天的自己，好嗎？」

「好。」她眼中泛淚，點了點頭。

「女兒，在情緒的控制上，**妳願意欣賞努力讓明天比今天好一點的自己嗎？**」

「我願意。」說完，她倒在我的懷中，我跟她兩個人一起相擁著。

一個人的行為，從低點轉往高，從不想改變到願意執行，那個轉折點的背後，有著他下定決心的原因、想要改變的契機、長期以來的醞釀。多了解為何有這個轉折點的故事與歷程，也能夠多明白孩子的想法與思維脈絡。如果他改變的契機，是與「愛」有關的（參見〈連結內心對彼此的愛〉），也請好好的回應這份愛喔。

我們可以跟孩子說：「低點狀態的客觀陳述」＋「轉變後的客觀陳述」＋「詢問成長歷程的轉折點」──

■「你之前考數學時，大概會有十個粗心，而這次的考卷，媽媽發現只有兩個耶，你進步好多喔，**有什麼原因讓你願意細心了呢**？」

■「你小一的時候，很不想要寫作業，常常先做別的事情，導致作業寫完都要晚上十點了。不過，你這學期一回到家，很主動地把功課快速寫完了。**發生了什麼事，讓你願意調整的呢**？」

■「你因爲跟好朋友吵架，幾個禮拜沒有跟他說話了，但是你今天卻主動找他和好，恢復了友誼。**你怎麼看做出這個決定的自己呢**？」

我們總希望孩子的改變，能夠從零一下子跳到一百，其實，這是強人所難。一個人的改變、甚至是蛻變，都像是登山一樣，陡峭的斜坡，一格又一格的緩慢往上攀爬，會停滯、會再犯、也會退步。

如果此時爸媽說：「你怎麼又不耐煩了？」「你怎麼還是這麼粗心啊？」會讓孩子感受到過往的努力都被抹煞掉。

一句關心又好奇的詢問，帶領孩子回頭看看走過的階梯，看到自己下定決心的起心動念，回顧一路走來的努力與堅持，重新整頓好自己，用不同的角度來欣賞那份成長歷程中所淬煉出來的價值。或許，離山頂還有一大段的距離，**「看到」與「欣賞」，會成為願意再次向上突破的動力，相信自己是可以辦到的。**

〈後記〉

謝謝你們，讓我成爲爸爸

對話，是兩個人對彼此信任的展現。

要特別謝謝我的老婆與兩個孩子，
在我還在練習如何提問時，
願意陪我展開一場場的對話之旅。

在這趟旅程中，很開心、也很感動，
意想不到的，是我們每個人都有了成長，
有了孩子，我的人生迎來很美好的轉變。

謝謝你們，讓我成爲爸爸。

Eurasian Publishing Group
圓神出版事業機構
用心與你對話・視野無限寬廣
如何出版社
Solutions Publishing

www.booklife.com.tw
reader@mail.eurasian.com.tw

Happy Family 085

引導孩子說出內心話——

不說教的情商課，讓親子都被好好理解

作　　者／澤爸（魏瑋志）
發 行 人／簡志忠
出 版 者／如何出版社有限公司
地　　址／臺北市南京東路四段50號6樓之1
電　　話／（02）2579-6600・2579-8800・2570-3939
傳　　真／（02）2579-0338・2577-3220・2570-3636
總 編 輯／陳秋月
主　　編／柳怡如
專案企畫／尉遲佩文
責任編輯／張雅慧
校　　對／魏瑋志・張雅慧・柳怡如
美術編輯／李家宜
行銷企畫／陳禹伶・曾宜婷
印務統籌／劉鳳剛・高榮祥
監　　印／高榮祥
排　　版／莊寶鈴
經 銷 商／叩應股份有限公司
郵撥帳號／18707239
法律顧問／圓神出版事業機構法律顧問　蕭雄淋律師
印　　刷／祥峰印刷廠
2021年7月　初版
2024年8月　24刷

定價370元
ISBN 978-986-136-590-9

開始當爸爸的我，跟每位新手爸媽一樣，
從摸索中學習，甚至認爲只要不打不罵，就是正確教養，
於是，我很愛說道理，自認爲是在灌輸觀念。
直到發現孩子的不耐煩，才驚覺我不過是在嘮叨與碎唸。
想到曾經的這些事，會感到懊惱、後悔與生自己的氣，
但是，也因爲有這些經歷，才一步步成就了現在的我。

——《引導孩子說出內心話》

國家圖書館出版品預行編目資料

引導孩子說出內心話——不說教的情商課，讓親子都被好好理解 / 澤爸（魏瑋志）作. -- 初版. -- 臺北市：如何出版社有限公司, 2021.07
352面；14.8×20.8公分 --（Happy Family；85）

ISBN 978-986-136-590-9（平裝）
1.親職教育 2.親子溝通 3.情緒教育

528.21　　110008012